Braunschweig

Liebe Leserin, lieber Leser,

in Braunschweig gehen die Uhren nicht anders, aber eine geht genauer als alle anderen: die Atomuhr. Allein nach ihr richtet sich die exakte Zeit. Überhaupt ist hier technologische Präzision und Innovation in ungewöhnlich vielen Forschungsinstituten zu Hause. Dafür wurde Braunschweig mit dem Titel „Stadt der Wissenschaft 2007" belohnt.

Man muss keinesfalls Wissenschaftler sein, um gern an die Oker zu kommen. Aber Forscher vielleicht doch, um die Reize Braunschweigs, das sich als eine Stadt auf den zweiten Blick präsentiert, zu entdecken. Den idyllischen Okerlauf, der die Altstadt umfließt, das beschauliche Michaelisviertel, die großzügigen Häuser der Gründerzeitviertel – alles nur Minuten entfernt von den großen Sehenswürdigkeiten der „Traditionsinseln" der Innenstadt, in der 1944 nur jedes zehnte Haus unzerstört blieb.

Nicht zu zerstören war der Charakter Braunschweigs als Residenzstadt der Welfen. Und jetzt baut die Stadt sogar das 1960 abgerissene herzogliche Schloss wieder auf. Damit kehrt ein bedeutendes Stück Identität ins Zentrum zurück.

Auch das reiche Kulturleben ist ein Erbe der Stadt Heinrichs des Löwen. Was Braunschweig an Kunstschätzen zu bieten hat, übertrifft die Angebote Hamburgs und Hannovers. Das Herzog Anton Ulrich-Museum zum Beispiel hütet berühmte Gemälde alter Meister wie Vermeer, Rubens und Rembrandt sowie eine wertvolle graphische Sammlung.

Auf jeden Fall sollten sich Besucher Zeit für das Umland nehmen. Wolfenbüttel, Königslutter, der Elm und Goslar sind Preziosen der Kultur und Natur.

Herzlich, Ihr

Andreas Hallaschka
MERIAN-Chefredakteur

FÜR MERIAN UNTERWEGS

BEI PRINZ HEINRICH zu Besuch waren Mathias Mesenhöller (hinten) und Fotograf Marc-Oliver Schulz. Voller Stolz präsentiert der Welfen-Nachkomme einen Bilder-Guckkasten aus der Zeit um 1900. Seite 58

BEI KUNSTSTUDENTEN fotografierte Anne Kathrin Schuhmann. Sie erlebte und genoss den bunten und kreativen Arbeitsalltag in der Hochschule für Bildende Künste. Seite 74

BEI STRAHLENDER SONNE gönnten sich Autor Franz Lenze (rechts) und Fotograf Daniel Müller nach ihrer Paddeltour Muße am Okerstrand „Okercabana" im Bürgerpark. Seite 30

INHALT

Braunschweig

>> *Titelthemen*

SEITE 30

ENTSPANNEN AUF DER OKER

Eine Paddeltour rund um die Altstadt ist ein Erholungstrip. Die idyllische Wasserlandschaft mit viel Grün bietet immer neue Perspektiven. Und kaum zu glauben: die City ist ganz nah

MERIAN | Reise-Service >> ab Seite 113

SEITE 12
STADTANSICHTEN
Der Altstadtmarkt mit St. Martini, Marienbrunnen und dem Altstadtrathaus gilt als gute Stube Braunschweigs

SEITE 84
WISSENSCHAFT IM AUFWIND
Der Forschungsflughafen ist Zentrum für Erfindungen und Innovationen. Die gelungene Vernetzung von Wirtschaft und Wissenschaft verhalf Braunschweig zum Titel „ Stadt der Wissenschaft 2007“

SEITE 58
DIE WELFEN
Die Nachkommen Heinrichs des Löwen regierten bis 1918. Braunschweig zehrt heute gern vom Glanz seiner herzoglichen Zeit

SEITE 52
DAS NEUE ALTE SCHLOSS
An historischer Stelle ersteht das 1944 teilzerstörte und 1960 abgerissene Residenzschloss neu. Es wird verbunden mit den Schloss-Arkaden, einem großen Einkaufszentrum

Hinweis: Die Lettern (z. B. E4) in den Texten ab S. 38 verweisen auf die Planquadrate der MERIAN-Karte auf S. 139

ZEITSPRUNG **Nickeln**kulk

Nur 80 der 800 Fachwerkhäuser des alten Braunschweig haben den Zweiten Weltkrieg überstanden. Auch der spätmittelalterliche Baubestand der Sackgasse Nickelnkulk fiel den Brandbomben am 14./15. Oktober 1944 zum Opfer. Selbst die kleine Straße, östlich von Inselwall und Bosselgraben und westlich des Geiershagen, gibt es nicht mehr. Hier befindet sich heute ein Betriebshof. Es blieb der Blick auf St. Andreas.

BRAUNSCHWEIG HELAU **Narren**Hochburg

Braunschweig ist die Karnevalshochburg des deutschen Nordens. Zwischen 200 000 und 250 000 Zuschauer beweisen am Sonntag vor Rosenmontag nicht nur ihre Sympathie für die Narren, sondern widerlegen auch an diesem Tag das Klischee vom bedächtigen und in sich ruhenden Braunschweiger. Die Umzüge, Maskenläufe und Tanz- und Schelmenspiele der heute in drei Vereinen organisierten Karnevalisten haben eine 700-jährige Tradition. Narrenruf ist übrigens „Braunschweig Helau", nicht „Alaaf".

1950

1958

Das erste Braunschweig-Heft erschien 1950 und zeigte in vielen Bildern die Vorkriegs-Altstadt. Die MERIAN- Ausgabe von 1958 dokumentierte bereits den Wiederaufbau der Stadt.

Der Altstadtmarkt ist einer der Mittelpunkte des Faschingstreibens. 2006 verwandelten 4000 Karnevalisten und 52 Musikzüge die Löwenstadt in ein einziges großes Narrenhaus

SPARGEL **Felder** des Ruhms

Das leckere Stangengemüse soll im 16. Jahrhundert aus Klostergärten den Weg in den hiesigen sandigen Boden gefunden haben. Als 1861 der Konservenfabrikant Gustav Grahe aus Braunschweig Landwirte und Gärtner ermunterte, Spargel „feldmäßig" anzubauen und die Abnahme der Ernten garantierte, vermehrten sich die Anbauflächen enorm. Spargel ist nicht das ideale Dosengemüse, aber immerhin sollen Spargelkonserven der Sorte „Ruhm von Braunschweig" auch in der Küche des New Yorker Waldorf Astoria Hotels geöffnet worden sein. Das Braunschweiger Land gehört heute zu den großen Spargelanbaugebieten Deutschlands.

DER DVD-GLOBUS Platter **Erdball**

Westermann stellt nicht nur den berühmten Dierke-Schulatlas her, sondern macht auch auf dem flachen Computerbildschirm etwas so Kugeliges wie den Erdball erfahrbar. Mit dem virtuellen, interaktiven Globus. Mit Hilfe hochauflösender Satellitenbilder kann man fast bis in Nachbars Garten zoomen, Entfernungen lassen sich quer über den Erdball messen, und beim Einschalten des 3-D-Profils treten die Höhenzüge hervor. Wer will, kann über die plastischen Landschaften im Flugmodus hinweg gleiten. Diese selbst steuerbaren Flüge vermitteln ungewohnte Perspektiven auf Kontinente, Gebirge oder Gewässer. Und im Vergleich zum Schulatlas (24,95 oder 37,50 Euro) ist die Globus-DVD mit 19,95 Euro wesentlich günstiger. Das Kombipaket Diercke Weltatlas mit DVD Diercke Globus gibt es in zwei Varianten zu 34,95 oder 44,95 Euro. **www.westermann.de**

EULENSPIEGEL **Meer**katzen

„Was soll ich backen?", fragte der Bäckergeselle Till Eulenspiegel. „Ja, was pflegt man denn zu backen? Eulen und Meerkatzen?!", gab der Braunschweiger Meister ironisch zurück. Der Schelm tat, wie ihm ge-

heißen und überraschte seinen Chef mit jeder Menge Eulen und Meerkatzen. Der erboste Meister verlangte das Geld für den verschwendeten Teig und jagte den Gesellen hinaus. Eulenspiegel aber verkaufte die gebackenen Tierchen gewinnbringend vor der Kirche. Eulen und Meerkatzen werden u. a. in den Bäckereien Eckhardt (Sack), Kretzschmar (Bohlweg), Homann (Steinweg) und Fucke (Kuhstr.) im Magniviertel gebacken.

GESUNDE SÜSSE **Frucht**leder

Es heißt Leder, sieht so aus und fühlt sich auch so an. Doch hat man es erst mal im Mund, sind die Geschmacksnerven überrascht und amüsiert. Hartmut Arning, einziger deutscher Hersteller, verarbeitet jeweils 600 Gramm püriertes Obst zu 100 Gramm schweren Fruchtlederstücken, indem er durch schonende Trocknung den Früchten das Wasser entzieht – eine uralte Konservierungsmethode. Übrig bleibt das lederartige, ausgetrocknete Fruchtmus. Diese Spezialität gibt es u. a. aus Aprikosen, Erdbeeren, Bananen, Äpfel, Himbeeren, Kiwi, und Kirschen. Auch aufgelöst in Tee oder Wasser zu genießen! **www.fruchtleder.com**

Skizzen

SPRACHE **MUUUUUUHHHH**

Die Kuh macht Muh. Manchmal auch Muuh oder Muuuh, seltener Mmuh. Jetzt ist nachgewiesen, dass es eine akustische Kommunikation auch bei Tieren gibt. Gerhard Jahns vom Institut für Technologie und Biosystemtechnik der Bundesforschungsanstalt für Landwirtschaft in Braunschweig hat bisher sieben Lautäußerungen von Kühen eindeutig identifiziert. Mit den Erkenntnissen gefütterte Computerprogramme können dem Großbauern, der nicht jede seiner Kühe mit Namen kennt, ein große Hilfe sein: Sie übersetzen, welche Kuh gerade Hunger hat oder unbedingt gemolken werden möchte.

BÜSSINGS BUS **Linie 1**

Zwischen Braunschweig und dem achtzehn Kilometer entfernten Wendeburg verkehrt die älteste bestehende Buslinie der Welt. Der Braunschweiger Lastkraftwagen-Hersteller Heinrich Büssing hatte einen LKW umgebaut und setzte diesen „Personenbeförderungswagen" mit einem 20-PS-Benzinmotor im April 1904 erstmals ein. In den zwei Abteilen hatten 14 Fahrgäste Platz, die sich im Handumdrehen (in einer Stunde und fünf Minuten) in Braunschweig oder Wendeburg wiederfanden. Der Pionier wurde auch Exporteur: In London trugen 1912 von den 2527 Stadtomnibussen 328 den Büssing-Löwen am Kühler.

Braunschweiger Quartett

Geistes **GRÖSSEN**

CARL FRIEDRICH GAUSS
(30.04.1777–23.02.1855)
Angeblich hat er das Sprechen erst nach dem Rechnen gelernt. Bahnbrechende und bahnberechnende Erkenntnisse gewann das Genie in Mathematik, Astronomie und Physik. Sein erstes Buch, die „Disquisitiones arithmeticae", ist ein grundlegendes Werk der Zahlentheorie.

RICARDA HUCH
(18.07.1864–17.11.1947)
Als eine der ersten promovierten deutschen Frauen stellte sie unter „Richard Hugo" historische Ereignisse dar. Für die Wiederentdeckung der Romantik spielte ihr kulturgeschichtliches Werk „Die Romantik" (1908) eine Rolle. Sie leistete aktiven Widerstand gegen das NS-Regime.

WILHELM RAABE
(08.09.1831–15.11.1910)
Seine Buchhändlerlehre empfand er als „Faulenzen mit Hindernissen". Kurz darauf verfasste er „Die Chronik der Sperlingsgasse". In Braunschweig war er am produktivsten und legte mit fünf Romanen und 13 Erzählungen den Grundstein für die deutsche Literatur der Moderne.

GOTTHOLD EPHRAIM LESSING
(22.01.1729–15.02.1781)
Er war ein Wegbereiter des Sturm und Drang und ebenso Vertreter der Ideale der Aufklärung. Während seiner Tätigkeit als Bibliothekar in Wolfenbüttel entstanden das Trauerspiel „Emilia Galotti" und das dramatische Gedicht „Nathan der Weise".

FOTOS: Markus Klingenhäger | Daniel Müller

Eine Stadterkundung

Spuren des Löwen

Vor 850 Jahren baute Heinrich der Löwe Braunschweig zur Residenz aus. Die Stadt durchlebte Reichtum und Macht, Niedergang und erneute Blüte, Zerstörung und Wiederaufbau. Heute ist Braunschweig eine moderne Stadt. Doch sie hütet viele Preziosen, die an Heinrich und seine Erben erinnern

Im Rittersaal der Burg Dankwarderode mit der prachtvollen Ornamentmalerei wird das Mittelalter geprobt. Die Pfalz Heinrichs des Löwen wurde mehrmals zerstört und wieder aufgebaut: zuletzt 1885 bis 1906 im neoromanischen Stil

Blick vom Rathausturm auf den Burgbezirk. Er wird beherrscht vom Dom St. Blasii, der mit der Burg verbunden ist. In der Mitte des Platzes die Löwen-Statue, jenseits die Fachwerkhäuser der Familien Huneborstel und Veltheim, heute Sitz der Handwerkskammer

Der Burgplatz, ein **Baukasten** des Mittelalters

Mexiko lieferte mit seinem Expo-Pavillon der Hochschule für Bildende Künste eine neue Bibliothek. Der New Yorker Künstler James Rizzi versuchte mit seinem naiv-fröhlichen Happy Rizzi House (2001) von Braunschweig aus die Architektur zu revolutionieren

So wird die **Kunst der Quader** kultiviert

Die schrille **Rivalin** der

Kulturnacht im Herzog Anton Ulrich-Museum. Tatjana Taft, gefeierte Drag- und Disco-Queen, tritt als bizarre Glücksfee auf und erweist sich als Verwandlungskünstlerin: Etwas später gibt sie die Meerjungfrau Arielle

Das Glück von **Lebensart** und Tradition

Aus Glaube, Geist, Bürgertum und Wissenschaft erwuchsen in Jahrhunderten der Stolz und das Selbstbewusstsein der Braunschweiger. Links: der siebenarmige Bronzeleuchter (um 1180) und gotische Malereien (um 1230) im von Heinrich dem Löwen gestifteten Dom. Oben: Stadthäuser an der großbürgerlichen Jasperallee östlich der Oker. Rechts: Platz vor der Technischen Universität Carolo Wilhelmina, der ältesten deutschen TU, an der 16000 junge Leute studieren

Augusta kam aus England und hatte Heimweh. So ließ Erbprinz Karl Wilhelm Ferdinand 1769 für seine Gemahlin das Schlösschen Richmond nach dem Vorbild ihres Zuhauses errichten. Der Park ist einer der ersten englischen Landschaftsgärten in Norddeutschland

Wo eine **englische Prinzessin** Hof hielt

Auf den **Traditionsinseln** spielt das Leben

Die Braunschweiger pflegen ihre historischen Quartiere, die „Weichbilde", besonders liebevoll. Aus ihnen, die allesamt selbstständig waren, ging die Stadt hervor. Das Magniviertel (oben) ist das Pflaster der Szenegänger, der Burgbezirk (links) als „gute Stube der Stadt" Schauplatz oft spektakulärer Veranstaltungen. Das Hagen-Viertel rund um St. Katharinen mit dem Denkmal für Herzog Heinrich (rechts) ist eine Gründung des Löwen

Rolf H

Vom Stolz einer **Bürgerstadt**

Braunschweig wurde im Krieg stark zerstört. Doch die alte Welfenresidenz beherrscht den Spagat zwischen Tradition und Moderne

TEXT: Tibor M. Ridegh

Judith, die mit dem Haupt des Holofernes, staunt. Und auch Vermeer van Delfts Mädchen mit dem Weinglas hat so ein Spektakel noch nicht erlebt. Adam und Eva von Palma Vecchio sind sogar Augenzeugen aus nächster Nähe: Auf rotem Teppich lässt die Meerjungfrau Arielle im Herzog Anton Ulrich-Museum zu schwülstiger Musik lasziv das Becken kreisen. Braunschweiger Kulturnacht. Arielles üppige Perücke ist eine kolossale Werbung für die Sonderausstellung „Lockenpracht und Herrschermacht“ im Erdgeschoss. Dort will uns der herzogliche Haushofmeister Freiherr von Geist, „schockieret“ ob unseres Aufzugs, Benimm und Etikette beibringen. Wir aber verlassen die Gemäldegalerie und wenden uns dem sittsamen Bassa Ducale im Staatstheater zu, zierlichen Tänzen der Renaissance, ehe es uns wieder hinaus in die sommerliche Abendluft zieht, wo wir mit zehntausenden Flaneuren aus aller Welt, selbst aus dem für Braunschweig so abgelegenen Hannover, möglichst viele Events der Braunschweiger Kulturnacht erleben wollen.

Auch Katharina die Große wäre auf ihre Kosten gekommen. Als Prinzessin liebte sie in Braunschweig die große Menge von Fremden, die beständig da waren, sowie die Pracht der ganzen Lebensführung. „Bälle, Opernaufführungen, Konzerte, Jagden, Spazierfahrten und Gastmähler“, so erinnerte sich die russische Zarin, „wechselten Tag für Tag ab. Der preußische Hof machte nicht denselben Eindruck von Großartigkeit wie der des Herzogs von Braunschweig.“

Das soll was heißen, und der Braunschweiger liest dies heute noch gern. Gewiss, den fürstlichen Hof gibt es nicht mehr, und die großen Veranstaltungen sind demokratisiert, doch Braunschweig hat sich, über alle furchtbaren Zerstörungen hinweg, den Charakter einer Residenzstadt erhalten.

Zu den Repräsentationsbauten aus feudaler Zeit gehören das Herzog Anton Ulrich-Museum mit seiner erstklassigen Sammlung alter Meister und das von den Braunschweigern geliebte und von Besuchern aus einem weiten Umland hoch geschätzte Staatstheater. Beide betten sich, wie auch das Städtische Museum und der schwarze Obelisk für die Herzöge Karl Wilhelm Ferdinand und Friedrich Wilhelm am Löwenwall, in weitläufiges Grün. Das wieder entstehende Residenzschloss markiert den behutsamen Übergang zur Innenstadt. Dort stehen der Dom, die frühere Hofkirche der Welfen, die Burg Dankwarderode, der bronzene Löwe auf seinem hohen Podest und das Braunschweigische Landesmuseum mitten im Leben des quirligen Zentrums.

An das Braunschweiger Trauma wird sich in dieser fröhlichen Kulturnacht wohl kaum ein Besucher erinnern. Als die Innenstadt am 15. Oktober 1944 bombardiert wurde, sollte es gerade einmal eine halbe Stunde dauern, bis sie zu 80 Prozent zerstört war. Die größte Fachwerkstadt Deutschlands, von der Oker kreisrund umflossen, gab es nicht mehr. Das muss wissen, wer heute im Zentrum unterwegs ist und immer wieder Versatzstücke „mittelalterlicher“ Häuser oder kleiner Ensembles bestaunt und sich gleichzeitig über eng benachbarte Großbauten im Schuhkarton-Look der sechziger und siebziger Jahre wundert. Er registriert neben der Schönheit der repräsentativen Hauptplätze einige Brüche und Disharmonien im Stadtbild.

Bis zur Zerstörung war das Zentrum durch mittelalterliche Stadtstrukturen und enge Straßen geprägt. Die Wiederaufbaukonzepte waren zunächst eher pragmatisch ausgelegt, die materiellen Möglichkeiten bescheiden. Der Spagat zwischen kleinteiligem Altstadtwiederaufbau und autogerechter Großstadtplanung wurde nicht generell geklärt, sondern nach der jeweiligen Situation entschieden. So kam es zu wechselnden, einander ablösenden und auch widersprechenden Stadt- und Architekturkonzepten und damit zu sich überlagernden Teillösungen. Den frühen Flächensanierungen der sechziger folgte die erhaltende Stadterneuerung der siebziger Jahre, punktuell gekrönt durch historische Symbolbauten vergangener Epochen. Ein Königsweg ist in der Braunschweiger Stadtarchitektur schwerlich zu finden. Das Ziel kann nur eine wohlausgewogene Balance zwischen Modernisierung und Bestandspflege sein.

Mit dem Wiederaufbau hatten sich die Braunschweiger glücklicherweise „Traditionsinseln“ geschaffen, die historische Identitäten der Innenstadt beschwören und sich auf die „Weichbilde“, die selbstständigen mittelalterlichen Viertel Braunschweigs, gründen. Aus luftiger Höhe des 61 Meter hohen Rathausturms sind die Weichbilde leicht zu orten. Sie versammeln sich um ihre jeweiligen Kirchen: Dom, Martinikirche, St. Petri, St. Michaelis, St. Aegidien, St. Andreas, St. Katharinen und St. Magni – wobei bei den drei letztgenannten sofort auffällt, dass ihre Doppeltürme von unterschiedlicher Bauart und ungleich hoch sind. Auch der im 13. Jahrhundert reichen Handelsstadt fehlte es manchmal an Geld.

Abgesehen vom Burgplatz findet das herzogliche Braunschweig in den Traditionsinseln sein bürgerliches und auch machtbewusstes Pendant. Großzügig präsentiert sich nahe der Martinikirche der Altstadtmarkt mit dem einzigartigen Ensemble von Altstadtrathaus, Gewandhaus, Altem Zollhaus,

Höhenflüge in Norddeutscher Tiefebene.
Denn nur wer den Überblick hat, erkennt die Zusammenhänge – mit präzisem Ziel vor Augen: Ihren Erfolg.
Diese Philosophie hat uns zu dem gemacht, was wir heute sind: eine der führenden Prüfungs- und Beratungsgesellschaften in Deutschland. Und im Verbund mit Deloitte Touche Tohmatsu greifen wir auf das Know-how von 135.000 Mitarbeitern in der ganzen Welt zurück – davon profitieren Sie auch in Niedersachsen.
Deloitte.
Wirtschaftsprüfung . Steuerberatung . Consulting . Corporate Finance .
Georgstraße 52, 30159 Hannover, Tel +49 511 3023-0, Fax +49 511 3023-170,
www.deloitte.com/de
© 2006 Deloitte & Touche GmbH Wirtschaftsprüfungsgesellschaft

Bürgerhäusern und dem Marienbrunnen in der Mitte. Hier fand im Mittelalter alles statt, was Neugier und Aufsehen erregte: Messen, Märkte, Turniere und Lustbarkeiten, aber auch Prozessionen und Hinrichtungen. Heute reicht den Braunschweigern ein bunter Wochenmarkt zwischen Laubengängen und Renaissancefassaden – und der Karneval, der muss sein.

Die nahe Alte Knochenhauerstraße mit der ältesten erhaltenen Fachwerkhauszeile der Stadt (darunter der „Ritter Georg" von 1489) gehört bereits zum Michaelisviertel, wo an der Güldenstraße das Haus zur Hanse, der 500 Jahre alte Michaelishof und das mit 3,20 Meter schmalste Haus der Stadt den Vergleich mit der Alten Knochenhauerstraße nicht scheuen müssen. Heute Hotel und Studentenwohnheim, einst Gasthaus und Pferdeausspann für reisende Kaufleute, die gerade die südliche Stadtmauer passiert hatten. Am Gieselerwall steht ein Rest der Mauer.

Löwen. Er war großzügig mit der Verleihung von Privilegien. Als Hansestadt erlebte Braunschweig einen gewaltigen Aufschwung und wurde eine der größten und reichsten deutschen Städte; auch das stärkte das Selbstbewusstsein der Braunschweiger Stände gegenüber dem Welfenhaus.

Nachdem die Nachfahren Heinrichs beim Rat der Stadt immer wieder in der Kreide standen und ihre Schulden mit der Abtretung fast aller Rechte tilgen mussten, wurde die herzogliche Residenz für die nächsten drei Jahrhunderte nach Wolfenbüttel ausgesiedelt. Damit war Braunschweig de facto eine freie Reichsstadt und verkehrte mit Kaiser und Papst auf Augenhöhe – bis auf weiteres. Der Niedergang kam gleichzeitig mit dem Ende der Hanse und der Herzog in die Stadt zurück.

Zwei Welfenherzöge waren ausgesprochene Glücksfälle für Braunschweig. Von Anton Ulrich (1633-1714),

In der **Kulturnacht** spüren die Braunschweiger ihre Identität

St. Aegidien, auf einem Hügel im Süden der Innenstadt gelegen, bietet eine Postkartenansicht. Benediktiner ließen sich hier im frühen 12. Jahrhundert nieder. Die Kirche ist turmlos, aber gotisch-gewaltig, das alte Klostergebäude beherbergt heute das Jüdische Museum. Die breite Auguststraße, die St. Aegidien vom Magniviertel trennt, kann die Stille der verwinkelten Gassen nicht wirklich stören.

Im Magniviertel aber ist Vitalität Programm. Hier, wo mit Altewiek vor tausend Jahren der Kern Braunschweigs entstand, war das Leben immer bunt. Im Quartier des herzoglichen Gesindes, der Mägde und Knechte und vieler Handwerker bevölkert in unserer Zeit das fröhliche Publikum von Kneipen und Cafés die gedrungenen und schiefen Fachwerkhäuser an den kopfsteingepflasterten Straßen, sind Kunst und kleine Läden eingezogen. Das Magniviertel ist die charmanteste der Traditionsinseln und feiert jährlich im Spätsommer mit einem gehörigen Schuss Lokalpatriotismus ein großes Fest.

Ein stolzes Braunschweiger Bürgertum gibt es seit Zeiten Heinrichs des

einem vollblütigen Barockherrscher und Forschung, Theater, Musik und Kunst zugetan, stammt ein Großteil der Sammlungen in dem nach ihm benannten Museum. Es ist das älteste öffentlich zugängliche in Europa und beherbergt u. a. eine der größten deutschen Gemäldesammlungen Alter Meister. Karl Wilhelm Ferdinand (1735-1806), ein Monarch ganz im Geist der Aufklärung und begeistert von den Hardenbergschen Staatsideen, förderte nach Kräften Schulbildung, Wissenschaft, Verwaltung und Wirtschaft.

Anton Ulrich und Karl Wilhelm Ferdinand hatten der bis in die Gegenwart andauernden kulturellen und ökonomischen Prosperität Braunschweigs wesentliche Impulse gegeben, und auf diesem fruchtbaren Boden gediehen bis heute weltbekannte Namen: im Geistesleben Gotthold Ephraim Lessing, Carl Friedrich Gauß, Friedrich Gerstäcker, Wilhelm Raabe, Ricarda Huch; in der Wirtschaft Büssing, Brunsviga, Voigtländer, Rollei und Diercke/Westermann. An die Stelle nicht mehr existenter Firmen traten im 20. Jahrhundert Volkswagen, die Nord/LB, die Braunschweig zu einem deutschen

Finanzplatz machte, Softwarefirmen und Forschungsbetriebe vor allem der Hochtechnologie. Eine Brückenfunktion nehmen die Technische Universität Carolo-Wilhelmina ein, Nachfolgerin des berühmten Collegium Carolinum von 1745, und die Hochschule für Bildende Künste.

Wohl in keiner Stadt ist das Stiftungswesen mit 18 Einrichtungen (darunter Stiftung Nord/LB · Öffentliche, Stiftung Braunschweiger Kulturbesitz, Bürgerstiftung Braunschweig, Richard Borek Stiftung) so rührig und aktiv wie in Braunschweig, und hier schließt sich erneut der Kreis von Wirtschaft und Kultur. Renommierte, weit über Braunschweig hinaus bekannte Events wie das braunschweigclassix mit mehr als 40 anspruchsvollen Musikveranstaltungen, das Literaturfestival mit Dichtern und Prominenten und das Festival Kultur im Zelt profitieren von den Stiftungen und Firmen-Sponsoren, und natürlich die verwöhnten Besucher.

„Kulturhauptstadt Europas 2010", diesen Titel hätte Braunschweig souverän tragen können (Essen machte das Rennen), vor allem durch die künstlerischen Leistungen etablierter Einrichtungen wie des Staatstheaters Braunschweig. Es geht zurück auf die Zeit Anton Ulrichs, der mit dem Vorgänger-Theater am Hagenmarkt 1690 eine der ersten allgemein zugänglichen Bühnen im deutschsprachigen Raum eröffnete. Das Viersparten-Theater der Gegenwart, dessen Ballett hervorzuheben ist, erfreut sich einer Auslastung, die anderswo beneidet wird.

Heute, in der Kulturnacht, sind wir noch einmal ins Staatstheater zurückgekehrt, nach dem Straßenvarieté der Zirkusschule Braunschweig auf dem Domplatz, den Opernarien in der Alten Waage, der TU-Bigband auf dem Kohlmarkt und dem Literarischen Tratsch aus den Fenstern im Rathaus-Innenhof, die nur einige der insgesamt 200 Künstlerauftritte waren. Jetzt erleben wir das Show-Orchester Crazy Puppets, ein Figurentheater zu Musik mit schräger Situationskomik.

Im Park am Löwenwall stimmt das Ballonglühen, ein Lichtballett von Heiß-luftballons, die Braunschweiger auf das nahende Ende der Kulturnacht ein. Das Fauchen der Flammenstöße weckt die Herzöge Karl Wilhelm Ferdinand und Friedrich Wilhelm nicht auf. Aber Braunschweig leuchtet. □

Oben auf den Okerterrassen in Muße genießen, unten auf dem Wasser gegen die Strömung paddeln und rudern. Oker kommt trotz des Anscheins nicht von „ocker"

Es gibt keinen schöneren Weg, die Stadt zu umrunden: Bei einer Bootstour auf der Oker zeigt Braunschweig seine besten Seiten – Natur und Nervenkitzel inklusive

Alles am Fluss

TEXT: Franz Lenze **FOTOS:** Daniel Müller

Wozu an die Strände von Rio? Okercabana, der Strandclub im Bürgerpark, hat feineren und weißeren Sand

Wer sich beim Volleyballspiel ausgetobt hat, entspannt im Sand, im Strandkorb oder an der Beach-Bar. Und kommt am Sonntagmittag zum Jazz-Picknick auf jeden Fall wieder

Großbürgerlicher und beschaulicher Logenplatz überm Wasser an der Adolfstraße. Nachmittagssonne und paradiesische Ruhe garantiert

Braunschweiger Nixen. Sie kommen geradewegs aus dem Wasser. Ein Bad im Fluss ist nicht jedermanns Spaß

Einst war die Oker ein Handelsweg. Schiffbar ist sie nicht mehr, aber Quell vieler Freizeitvergnügen

DAS SCHÖNE AN DER OKER? Dieter Werner schaut aufs Wasser, ein klein wenig irritiert, das verrät sein Blick. Falsche Frage, ganz klar. Unsinnig obendrein. Ich muss ja nur hingucken, da, auf die Weiden, die ins Wasser ranken, auf die Spiegelung der alten Steinbrücke im Wasser, dort, auf die Fische, die ihre Bahnen ziehen.

Behäbig tanzen weiße Pappelsamen durch die Luft. Dieter Werner, der Mann vom Bootsverleih OkerTour, weiß alles über den Fluss. Er ist seine Leidenschaft. Werner blickt noch immer aufs Wasser und zeigt plötzlich auf seine Paddelboote, die auf dem Steg liegen.

„Wollen Sie mal?“

Ich will sofort. Die Mittagssonne scheint, der Himmel ist blau wie noch nie, also hinein ins Boot. Im leichten Bogen Richtung Norden, rasch tauchen die Paddel ins Wasser, erst links, dann rechts, dass es nur so spritzt. Fast wie von selbst zieht mein kleines Boot an Villen und Gärten vorbei, durch die Äste der Bäume flutet das Sonnenlicht. Ein Idyll. Nach ein paar Metern gleite ich unter der ersten Brücke hindurch, dumpf hallt der Schlag meiner Paddel von den Wänden wider. Ja, der Fluss gehört mir!

An Renntagen des Kanu-Slaloms wird aus ruhigem Wasser ein reißender Strom. Der Trick dabei: Der Fluss wird zuvor am Petriwehr gestaut

Fräulein Kapitän hat einen flusstüchtigen Steuermann angeheuert. Er kennt das Fahrwasser nahe der Museumstraße genau

Die Oker entspringt bei Altenau im Oberharz, schlängelt sich 80 Kilometer durchs Harzvorland, bis sie, mittlerweile 20 Meter breit, aufs südliche Braunschweig trifft. Einst floss sie mitten durch den Ort, doch legten die Braunschweiger schon im Spätmittelalter Umflutgräben an – als Verteidigungslinie. Acht Kilometer Wasserstraße, die noch heute den Stadtkern umarmen. Meine Paddelstrecke.

Erst einmal aber mache ich Pause. Vielleicht ein bisschen früh nach vier Minuten Fahrt, aber am rechten Hochufer erhebt sich jetzt das Café Okerterrassen. Ein klassizistischer Prachtbau, 100 Jahre alt, das einzige Terrassencafé der Stadt. Da muss man gesessen haben. Drei Etagen, alles wie zu Kaisers Zeiten, die Gartenstühle, die Tische. Ich bestelle den berühmten Rhabarber-Stachelbeer-Kuchen, sitze im Schatten der Bäume, schaue auf den Fluss und genieße den Moment.

ZURÜCK AUFS WASSER. Andere Boote kommen entgegen, Kanus, Einsitzer, ein Betrieb wie im Freizeitpark. Fremde Paddel klacken gegeneinander, kurz müssen wir alle Register des Manövrierens ziehen, um nicht zusammenzustoßen. Irgendjemand ruft „Ahoi“, wir haben es

Mord auf der Oker: Lokalhistoriker Armin Rütters berichtet den Floßgästen von spektakulären Kriminalfällen in der Stadtgeschichte

Viel Holz wurde einst übers Wasser verschifft. Man sieht's den Fachwerkhäusern im Magniviertel an

Fast kreisrund umschließen zwei Flussarme das Herz der Stadt

Urwüchsige Uferlandschaft mitten in der City. Wer hier anlegt, ist binnen Minuten auf den Geschäftsmeilen

geschafft. Rechts blühen rot und weiß die Rosen im Botanischen Garten, und in der Ferne erhebt sich das graue Hochhaus der Technischen Universität. Ein Junge und ein Mädchen, eng umschlungen, überholen mich in ihrem Tretboot. Dann lassen sie sich treiben, vorbei an dem kleinen Pavillon, der dicht umrankt ist von Büschen und Bäumen. Dort soll Hansjörg Felmy, Schauspieler und in der Stadt groß geworden, seinen ersten Kuss bekommen haben. Sagt die Legende.

EIN PAAR MINUTEN und eine scharfe Linkskurve später: das Wendenwehr. Das erste auf dem Weg rund um Braunschweig. Weiterfahrt nicht möglich. Ich muss das Boot umsetzen, Gott sei Dank helfen ein paar Paddler beim Herausheben. Die nächsten 300, 400 Meter sind kein Zuckerschlecken; auch kleine Glasfiberboote können verdammt schwer sein. Ich schwitze. Schleppe mein Boot über den Gaußberg, hinein in einen Park, und dort, ein paar Meter entfernt, nimmt der Fluss wieder seinen Lauf. Ich schleife das Boot zur Böschung – und rutsche ab. Sofort reicht mir das Wasser bis zum Schenkel. Meine Okertaufe. Zum Glück hat's keiner gesehen. Triefnass, aber beherzt hüpfe ich ins Boot. Schwer klebt die Hose am Bein, und es riecht nach Brackwasser. Einen echten Paddler stört das nicht. Und der bin ich, schließlich habe ich drei Kilometer Fluss hinter mir.

Links lasse ich Löbbeckes Insel liegen, eine der ältesten Parkanlagen der Stadt, am Ufer steht ein Pfau, und durchs Ufergestrüpp hindurch sehe ich Kinder, die Federball spielen, ihre Mütter, die sich sonnen, und um einen Grill herum stehen junge Männer. Rauchschwaden steigen gen Himmel, sacht klacken Bierflaschen aneinander. Ansonsten: Ruhe. Nur das Platschen meiner Paddel ist zu hören. Ein Boot kommt entgegen, zwei Jungs darin, die Schnüre ins Wasser halten. Ob sie angeln? Wäre ja möglich, es schwimmen genug Fische hier: Karpfen, Hechte, Schleie.

Oben, auf den Balkonen, sitzen die Braunschweiger beim Kaffee und grüßen mit leichtem Kopfnicken herunter. Langsam treibe ich vorwärts. Bis zum nächsten Wehr. Doch jetzt bin ich Profi. Einfach umsetzen und weiter. Drei Kilometer, neun Brücken und zehn Biegungen später taucht am rechten Ufer Braunschweigs alter Sackbahnhof auf: Von hier aus dampfte 1838 die erste deutsche Staatseisenbahn nach Wolfenbüttel. Und ich könnte jetzt einen Abstecher

Die Tour ist zu Ende, das Boot verladen. Und auch dem Bordhund hat's gefallen

Ein Strom für alle Fälle, auf dem Braunschweig gerne Mörder jagt

in die Innenstadt machen, so nah ist sie. Geradeaus hineinlaufen, auf den Kohlmarkt. Ich könnte dem Glockenspiel lauschen, das dreimal am Tag erklingt, wenn Till Eulenspiegel unterm Dachgiebel erscheint. Könnte am Ulrichsbrunnen sitzen und seinen Meerjungfrauen beim Wasserspeien zuschauen. Aber eine Okertour zählt nur, wenn die Innenstadt auf dem Fluss umrundet wird.

DIE MODERNE VOLKSWAGENHALLE lasse ich rechts hinter mir und nähere mich dem Bürgerpark, den die Oker im Süden umschlängelt. Ziehe am „Okercabana" vorbei, dem ersten Beachclub. Musik dröhnt, junge Menschen hängen lässig in Strandkörben, einige sitzen am Ufer und lassen die Beine ins Wasser baumeln.

Nur ein paar kräftige Paddelstöße noch bringen mich zurück zu Dieter Werner, der erst gar nicht fragt, wie's war. Er weiß ja, dass es schön ist. Eine Offenbarung für Naturfreunde. Und für Kulturliebhaber. Der Bootsverleiher sagt nur: „Mord auf der Oker". Seit fünf Jahren ausverkauft. „Ein Erfolg." Sieben Schriftsteller und passionierte Kriminalforscher erzählen im Wechsel bei einer Floßtour von echten und erdachten Verbrechen. Ein schöner Ausklang.

Die Sonne steht bereits schräg im Himmel, als das Floß Fahrt aufnimmt. 34 Zuhörer sind an Bord, und vorne liest Christian Bauch aus seinem Roman „Das unsichtbare Kreuz". Bauch ist Kriminaloberkommissar, sein Buch eine düstere Mörderjagd durch halb Europa. Gespannt lauschen wir, als wieder das Café Okerterrassen vorbeizieht. Auf den Tischen steht Merlot, und hinten am Steuer erzählt Lokalhistoriker Armin Rütters Grausiges. „Dort", und sein Zeigefinger wandert zu einem weißen Haus am Ufer, „wurde die Frau eines Verlegers ermordet." Raunen auf dem Floß, klar, da war mal was, nie aufgeklärt, die Geschichte, oder doch? Wer weiß. „Und da", sagt er und zeigt in das undurchdringliche Grün der Böschung, „da oben, in dem Haus auf der anderen Straßenseite, da haben Studenten einen Kommilitonen kleingehackt und durch die Toilette gespült." Gruselgeschichten. Alles lange her. Eine Entenfamilie dreht bei, vielleicht fallen ja ein paar Brotkrumen ins Wasser …

Eine letzte sanfte Kurve, dann ist die Anlegestelle in Sicht. Krimi-Autor Bauch schließt sein Buch und zündet sich eine Pfeife an. Mücken sirren über dem Floß, und in die beginnende Nacht hinein zwitschern noch ein paar Vögel. □

Franz Lenze, *gebürtiger Magdeburger, ist schon die Elbe und die Saale entlanggepaddelt. Trotzdem war die Oker für ihn ein großes Erlebnis.*

MERIAN | INFO

FLUSSFAHRTEN

(M 5) **OkerTour**
Leonhardstr. 2, Tel. 707 67 68, www.okertour.de
Kanus 8 €/Std., 14 €/2 Std. Gruppenfahrten (ab 10 Pers.; 90 Min.) Mo-Fr 16.30 Uhr, Sa und So 15 Uhr; 7 €, Kinder (6-12 Jahre) 3,50 €

(M 5) **Bootsstation Braunschweig**
John-F.-Kennedy-Platz/Kurt-Schumacher-Str.
Tel. 270 27 24, www.bootsstation.de
Paddelboot 10 €, Kanu 10,50 €, Ruderboot 11 €, Tretboot 12 € (jew. 1 Std.). Gruppenfahrten (ab 10 Pers.; 90 Min.) 7 €, Kinder (6-12 J.) 4 €

(M 5) **Braunschweiger Floßfahrten**
Kurt-Schumacher-Str. 25, Tel. 120 00 (via Hotel Deutsches Haus), www.braunschweiger-flossfahrten.de, 90-min. Touren für Gruppen ab 10 Pers., ab 7 € pro Person, Spezialangebote mit Barbecue

Mord auf der Oker
Braunschweig Stadtmarketing GmbH
Tel. 470 20 40, www.braunschweig.de/okerlesung
Mai-Sept. (wetterabhängig), 14 €. Früh buchen!

>Die großen Lettern (M 5) verweisen auf die Planquadrate der MERIAN-Karten auf den Seiten 139-141

Isabel Edvardsson

Kür-Tänzerin und TV-Star

Acht Wochen lang schwebte sie im Licht der Kameras und einer Öffentlichkeit von bis zu sieben Millionen Zuschauern übers Parkett, zum Schluss hob sie triumphierend den Pokal in die Höhe: **Isabel Edvardsson, Siegerin der RTL-Live-Tanzshow „Let's dance" und damit Botschafterin Braunschweigs in der Welt der wohl elegantesten Sportart.** Gemeinsam mit ihrem TV-Tanzpartner, dem Schauspieler Wayne Carpendale, hatte sie bei diesem Tanzduell in den lateinamerikanischen und Standardtänzen (an dem auch Heide Simonis zeitweise teilnahm und bei dem nach jeder Runde ein gemischtes Promi- und-Profi-Paar ausschied) Jury und Zuschauer mit Charme, Wiener Walzer, Jive und Freestyle ganz für sich eingenommen. „Sie steckt von Kopf bis Fuß in hundert Energien", sagte Wayne Carpendale zum Schluss anerkennend. Ihm hatte die 24-jährige Profitänzerin und Tanzsporttrainerin in anstrengenden 150 Stunden die Schritte beigebracht, die zum Sieg führten. Die Schwedin aus Göteborg, die so gar keine Star-Allüren hat, lebt seit 2003 in Braunschweig. Sie und ihr Profipartner und Lebensgefährte Marcus Weiß sind Deutsche Meister im Kürtanzen (2005), Gewinner der German Masters und der French Open (beides 2004), Vizemeister in den Standardtänzen (2005) und waren Semifinalisten einer Weltmeisterschaft und der Europameisterschaft (2005). Braunschweig ist nicht erst neuerdings eine tanzbegeisterte Stadt. „Etikette und gutes Benehmen", erzählt die junge, lebhafte Schwedin in der kleinen Cafeteria der Tanzschule Hoffmann, „sind bei jungen Leuten wieder gefragt. Und wer zum Breakdance kommt, kann auch gleichzeitig gratis den Paartanz entdecken." Nebenan auf dem Parkett geht ein junges einsames Pärchen zur Sache: Bumbumbum-zackzack-Wiegeschritt.

Fotos: Anne Kathrin Schuhmann

Text: Tibor M. Ridegh

Braunschweiger

Sie lieben ihre Stadt und tun viel für sie: drei mit Okerwasser Getaufte, eine Schwedin und eine Griechin fördern Braunschweig mit Charme, Kunst, Witz und guten Taten

Steckbriefe

Joachim Hempel
Geistlicher und Domherr

Geschafft. Der Domprediger ist froh, dass Blasius, Maria und Johannes nach gründlicher Renovierung das Geläut der 12 Glocken wieder komplettieren. Der Geistliche ist Hausherr im Braunschweiger Dom, der wie durch ein Wunder im Krieg nur leicht beschädigt wurde. Als Kind hatte Joachim Hempel in den Bombenkratern der Häuser rund um St. Blasii gespielt. Der Dom ist eine Alltagskirche geworden und zählt 900 Gemeindeglieder, aber 300 000 Besucher im Jahr. „Unter seinem großen Dach ist viel Platz auch für die Braunschweiger, die keine Beziehung zur Kirche haben", sagt Hempel. Das Angebot ist reich mit der größten deutschen Domsingschule, drei Kantoren, einem Sinfonieorchester und einer rührigen Domführergilde. Motorradgottesdienste und der ökumenische Sommerlochgottesdienst für Schwule zeigen, wie sehr sich die Kirche geöffnet hat und dabei sie selbst bleibt. Auch bei der Aktion „Schuheputzen für schuheputzende Kinder in der dritten Welt". **Am Gründonnerstag, dem Tag, als Jesus seinen Jüngern die Füße wusch, polierte der Domprediger für einen Euro die Schuhe von Passanten.** Der Erlös ging nach Äthiopien, wo Hempel als Vikar tätig war. Sein liebstes Ziel in Braunschweig ist Riddagshausen mit der Zisterzienserkirche. „Ein schöpferischer und spiritueller Ort", sagt er, „die Symbiose von Natur und Kultur, die uns architektonisch häufig nicht gelingt." Täglich um 17 Uhr hält der Domprediger eine Kurzandacht, bisher 1800-mal ein Wort zum Alltag, auch telefonisch abzuhören. „Gelegentlich werde ich gefragt, wie man in fünf Minuten das Evangelium vermitteln kann. Dann antworte ich: Wie lange braucht man, um seiner Frau zu sagen: Ich liebe dich? – Na, also!"

Lienhard von Monkiewitsch
Maler und Kunstprofessor

„Es hat alles kein Oben und Unten, Sie können meine Bilder hängen, wie Sie wollen!" So unbefangen heiter kann Lienhard von Monkiewitsch plaudern, wenn er von seinen Bildsystemen Quadrat, Rechteck und Parallelogramm spricht. Nach mehr als drei Jahrzehnten der Faszination und Thematisierung des Raumes hat sich der Braunschweiger Maler und Kunstprofessor auch mit dem Schwarzen Quadrat des Ukrainers Kasimir Malewitsch befasst, für ihn „Anfang und Ende aller Malerei". Dieses Quadrat zerschnitt er scheinbar respektlos und erhielt damit schier unerschöpfliche Gestaltungsvarianten. Monkiewitsch versetzt die abgeschnittenen Ecken rund um die Restform, und in der Aufreihung kommt die serielle Gesamtheit dieser Tangrams für den Betrachter in geradezu tänzerische Bewegung. Als der Künstler sein Quadrat mithilfe der Wachstumszahlenreihe des italienischen Mathematikers Leonardo Fibonacci mit wissenschaftlicher Präzision adelt, da wird er seinem Ruf als Tüftler gerecht und ruft gleichermaßen in Erinnerung, dass er ganz früher mal Architekt werden wollte. **„Aus Einfachheit Komplexität schaffen" ist das Motto von Monkiewitsch. Das kann zum Beispiel die Entmaterialisierung eines Betonobjektes durch eine malerische Handlung sein.** Seine Studenten ermahnte der ehemalige Vizepräsident der Hochschule der Bildenden Künste gelegentlich gern: „Ihr habt das Material noch nicht verzaubert!" Lienhard von Monkiewitsch arbeitet auch in Los Angeles und auf Sardinien. In Braunschweig bewohnt er das Obergeschoss des Schlösschens Richmond. Da erhalten seine einfachen, reduzierten Formen ein reizvolles historisches Gegenüber.

Despina Kazantzidou

Informatikerin und Multitalent

Wie viele Stunden hat der Tag? Die Griechin aus Thessaloniki lächelt weise und schweigt. Schweigen ist eigentlich nicht ihr Fall. Wenn sie aber redet, dann bewegt sie auch etwas, als Chefin des Softwareentwicklungsunternehmens Unisolo, als Vorsitzende der griechischen Kulturgemeinde, des Prüfungsausschusses für die Ausbildung von Fachinformatikern bei der IHK Braunschweig, als Vorstandsmitglied der griechisch-orthodoxen Kirchengemeinde, des Vereins der Alumnaten und Förderer der Medizin-Informatik, Medizintechnik und Bioinformatik, als … – es ist längst nicht alles, nur noch so viel: **Despina Kazantzidou singt auch im Chor, importiert Wein aus ihrer Heimat und vertreibt – bei aller Liebe zu den antiken Philosophen – auch zeitgenössische griechische Literatur in deutscher Übersetzung**. 1983 kam Despina Kazantzidou nach Deutschland. Informatikstudium an der TU Braunschweig, Diplom, 1992 der Weg in die unternehmerische Selbstständigkeit. Die Freiheit, selbst zu bestimmen, sagt sie, habe wiederum mit der Antike zu tun, „denn das Glück gehört dem Tüchtigen“. Nur so konnte ihr Unternehmen wachsen. Unisolo entwickelt Software für die Automobilindustrie und Luftfahrt (u. a. MAN, DLR, IAV, Thyssen Krupp, Bosch) sowie für das Gesundheitswesen (elektronische Gesundheitskarte). Bisher wurden alle Auszubildenden übernommen – sie gehörten stets zu den Besten auf Landesebene. Despina Kazantzidou hat Braunschweig im Kopf („Ich liebe missionarisch-logistische Arbeit“) und Griechenland im Herzen („Das griechische Licht ist voller Geist“). Hier wie dort zu sein – das wäre ihr Traum. Aber wann eigentlich?

Richard Borek

Kaufmann und Mäzen

Eine extrem rare Briefmarke oder Münze reißt Richard Borek nicht vom Hocker. Er sei zuerst Kaufmann und erst dann Experte. Der Miteigentümer der Samlerhuset BV, des größten privaten Münzhandelshauses der Welt, und Inhaber des ältesten Briefmarken-Versandhauses Deutschlands erwähnt dagegen seine Sammlungen von Braunschweiger Kunsthandwerk, aber auch von Bierdeckeln und Zuckerstücken, die sich aus Knabenzeiten bis heute erhalten hätten. Und er erweist sich als Meister des Understatement, als die Rede auf die von ihm und seiner Frau Erika geführte Richard-Borek-Stiftung kommt: **„Wir verstehen uns als Braunschweiger Bürger, die ihre Möglichkeiten zu kulturellem und sozialem Engagement nutzen und auch Anstöße geben.“** In Braunschweig und im Braunschweiger Land liefe ohne die Stiftung vieles nicht. 400 Projekte hat sie in 25 Jahren gefördert: in Kunst und Kultur, Denkmal- und Heimatpflege, Wissenschaft und Forschung, in der Jugendarbeit wie im Natur- und Umweltschutz. Bereits Vater Richard stand 1959 an der Spitze Braunschweiger Bürger, die gegen den Abriss des Residenzschlosses protestierten – vergeblich. Der Sohn steht mit seinem Engagement für den Neubau genau in dieser Tradition, die man getrost Patriotismus oder Heimatliebe nennen kann. Was Richard Borek sich für Braunschweig wünscht? Noch mehr Verantwortungsgefühl des einzelnen Bürgers für das Gemeinwesen. Engagement fördere auch ein stärkeres Selbstbewusstsein und führe dazu, dass nicht woanders über Braunschweiger Belange entschieden werde. Vor dem Borekschen Firmensitz flattert die alte Braunschweiger Landesflagge blaugelb und lustig im Wind.

Theologische und historische Bücher füllen die Augusteerhalle der Herzog-August-Bibliothek. Die hellen Pergamenteinbände (rechts) wurden im 17. Jahrhundert beschriftet, einige vom bibliomanen Herzog August höchstpersönlich

AUGUSTS REICH DER WEISHEIT

Die Biblioteca Augusta in Wolfenbüttel ist weltberühmt. Und die Stadt, fast 200 Jahre lang Residenz der Herzöge von Braunschweig, ein kleines Juwel

TEXT: Hans Markus Thomsen **FOTOS:** Daniel Müller

Das annähernd komplette abendländische Wissen des 17. Jahrhunderts trug Herzog August in der Bibliothek zusammen. Die junge Leserin vor dem Schloss mit der prächtigen Renaissancefassade beschäftigt sich lieber mit zeitgenössischer Lektüre

Das teuerste Buch der Welt fand hier seine Heimat

Das Evangeliar Herzog Heinrichs des Löwen ist neben dem ebenfalls mittelalterlichen Rechtsbuch „Sachsenspiegel" der größte Schatz der Bibliothek. 1983 wurde die Handschrift mit dem Text der vier Evangelien und 50 ganzseitigen Miniaturen in London zum Preis von 32,5 Millionen Mark für Deutschland ersteigert

Wer ankommt und schnurstracks in die Bibliothek rennt, ohne nach links und rechts zu schauen, zeigt, dass er ein Kenner ist. Denn das Objekt seiner Begierde, die Biblioteca Augusta, gehört zu den höchsten und berühmtesten Bücherbergen der Welt, und ihr größter Schatz, das Evangeliar Heinrichs des Löwen (um 1188), ist das bedeutendste Werk der romanischen Buchmalerei im norddeutschen Raum. Doch auch die Stadt, die diese Bibliothek beherbergt, ist ein kleines Juwel. Ihr Charme kann auf den ersten Blick ein wenig spröde wirken, aber mit ihren vielen Fachwerkhäusern und ohne jede Enge zeigt sie sich wohnlich und gastlich zugleich.

Die Rede ist von Wolfenbüttel. Fast 200 Jahre, von ihrer Gründung 1570 bis 1753, war die Stadt Residenz der Herzöge von Braunschweig-Wolfenbüttel, bis ihr das größere, mächtige Braunschweig diesen Rang wieder entzog.

Aus eben diesem Braunschweig kam im Jahr 1764 ein geheimnisvoller Besucher nach Wolfenbüttel, verstohlen und inkognito. Er, der sich „Neuhaus" nannte, stieg im Gasthaus „Kron von Spanien" ab und stürmte sofort in die

Kleine Welt der Residenz: Die Krumme Straße bildet ein hübsches Ensemble niederdeutscher Fachwerkbaukunst. Die große Welt ist auf Globen des 16. bis 18. Jahrhunderts (einer aus der Werkstatt Mercators) dargestellt – zu bewundern im Globenkabinett der Bibliothek

Bibliothek. „In den acht Tagen, die ich dort verbrachte", schrieb er später, „verließ ich sie nur, um in mein Zimmer zu gehen, und verließ dieses nur, um in die Bibliothek zurückzukehren… Ich lebte dort in vollkommenem Frieden, dachte weder an Vergangenheit noch an Zukunft und vergaß über der Arbeit die Gegenwart. Heute weiß ich, dass nur das Zusammentreffen ganz unbedeutender Umstände nötig gewesen wäre, um mich in dieser Welt zu einem wahrhaft Weisen zu machen; denn die Tugend hat mich stets mehr angezogen als die Laster."

Der geheimnisvolle Besucher mit dem leicht zu entschlüsselnden Pseudonym war Giacomo Casanova. Er arbeitete in der Biblioteca Augusta intensiv an einer Homer-Übersetzung, deren erster Teil 1775 in Venedig erschien. Dass er sich in der Bibliothek aber auch auf dem Pfad der Tugend fühlte, lag wohl eher daran, dass ihn Geldsorgen und Ärger mit dem Herzog aus Braunschweig getrieben hatten und ihn nicht lange zuvor das „Andenken" einer schönen Engländerin ins Bett geworfen hatte, in dem er 30 Tage verbringen musste – allein.

Gotthold Ephraim Lessing besuchte 1756, einige Jahre vor Casanova, die Bibliothek auf der Durchreise und wurde 1770 ihr Bibliothekar. Die beiden sind sich nie begegnet. Zwei Männer, Zeitgenossen, die doch jeder einer anderen Epoche anzugehören schienen, mit Lebensentwürfen, die unterschiedlicher nicht hätten sein können.

Dass Casanova der Bibliothek ein glänzendes Zeugnis ausstellte, die Stadt aber praktisch nicht zur Kenntnis nahm, hatte auch seinen Grund darin, dass Wolfenbüttel in dieser Zeit geknickt am Boden lag. Herzog Karl I. hatte seine Residenz elf Jahre zuvor endgültig nach Braunschweig verlegt, Wolfenbüttel war, wie eine leere Hülse, verlassen zurückgeblieben, höfisches Leben, das Casanova unwiderstehlich anzog, gab es nicht mehr. Die Bevölkerungszahl war von 10 000 auf unter 6000 gesunken, viele Häuser standen leer, denn die Hofbeamten waren mit ihren Familien nach Braunschweig gezogen, nur noch Pensionäre waren geblieben, Witwen, die auf eine Wiederverheiratung nicht mehr hoffen mochten, und die Bediensteten, die in Braunschweig nicht gebraucht wurden. Aus der glänzenden Residenzstadt Wolfenbüttel war „Lumpenbüttel" geworden.

Dabei waren gerade zweieinhalb Jahrhunderte vergangen, seit Wolfenbüttel beinah aus dem Nichts erstand. Im Unterschied zu Braunschweig und Goslar hat Wolfenbüttel das Mittelalter nicht erlebt. Seine Geschichte beginnt erst 1514 mit Herzog Heinrich dem Jüngeren, der ein händelsüchtiger Renaissancefürst war und in den Wirren der Religionskriege starr am alten Glauben festhielt. Das brachte ihm jede Menge Streit mit seinen lutherischen Nachbarn. Als Heinrich nach vielen Schlachten 1568 starb, hinterließ er eine befestigte Residenz mit ein paar Häusern und den Sohn Julius, der nach Meinung des Vaters nicht zum Herrschen taugte. Seine Füße waren verkrüppelt, er mochte und konnte nicht reiten und fechten. Aber so hatte er Zeit, darüber nachzudenken, was er besser machen sollte als sein Vater.

Sofort nach seinem Amtsantritt führte Julius die Reformation ein, schloss Frieden mit den Nachbarn, holte die besten Baumeister heran. Auf dem Terrain einer alten Handwerkersiedlung vor dem Schloss entstand die „Heinrichstadt", die erste planmäßig angelegte Stadt der Renaissance in Deutschland. Heute ist sie der Kern der Wolfenbütteler Altstadt.

„Augusta" bedeutet auch „die Erhabene"

Denkmal Augusts, der sein Ross zur Tränke führt. Er war mehr vom Wissensdurst als von Glanz und Gloria erfüllt. Vom Ruhm seiner Bücherei profitiert auch die Stadt, deren alter Kern liebevoll aufpoliert wurde. Die Kirche Beatae Mariae Virginis ist Grablege einiger Herzöge

Der Besucher erlebt diese Anlage am besten, wenn er von der Trinitatiskirche, der man ansieht, dass sie einst das mächtige Eingangstor der Stadt war, mit einem Schlenker über den Stadtmarkt, hin zum Schloss spaziert. Nach Herrenhausen ist es das zweitgrößte und schönste in Niedersachsen. Praktisch in seinem Schatten liegt heute das „Bibliotheksquartier" mit der Herzog-August-Bibliothek, mit Zeughaus, Leibnizhaus und Lessinghaus.

Nicht erhalten ist das Grachtensystem, das holländische Wasserbauer anlegten, um die Oker zu zähmen und das Stadtgebiet trockenzulegen. Die kümmerlichen, aber malerischen Reste werden vom Volksmund Klein Venedig genannt. Die Oker ließ Julius bis Wolfenbüttel schiffbar machen, so konnten Erze aus dem Harz und Holz als Brenn- und Baumaterial transportiert werden. Unter anderem entstand eine florierende Waffenproduktion, und ausgerechnet Julius ließ die längsten Kanonen bauen, die am weitesten schießen konnten. Statt Kriege mit ihnen zu führen, verkaufte er sie lieber in ganz Europa und hinterließ sein Fürstentum wohlgeordnet ohne Schulden.

Nachfolger Heinrich Julius konnte darauf aufbauen. Er widmete sich den schönen Künsten, begann mit dem Bau der ersten protestantischen Großkirche in Deutschland, der Beatae Mariae Virginis, machte die Stadt zur stärksten Festung in Norddeutschland und starb hochgeehrt als protestantischer Berater des katholischen Kaisers in Prag.

Im Dreißigjährigen Krieg stellte sich heraus, dass die starke Festung eine entscheidende Schwachstelle hatte: das kunstvoll angelegte, weit verzweigte Grachtensystem. Die wenig kunstsinnigen kaiserlichen Belagerer stauten frech die Oker. So hatten zwar die Braunschweiger wochenlang kein Wasser, die Wolfenbütteler aber zu viel davon. Zweimal wurde die Stadt geflutet, kaum eines der aus Lehm erbauten Häuser war noch bewohnbar.

Als Herzog August der Jüngere 1643 in seine Residenz einzog, bot die Stadt ihm ein trauriges Bild. Aber mehr noch mochten die verbliebenen 150 Bewohner ihren Augen nicht trauen. Denn im Tross des neuen Herrschers gab es keine Kanonen oder anderes Kriegsgerät, auch keine Kegel und Kebsen, stattdessen schwankten auf 47 Leiterwagen 47 riesige Kisten: die Bibliothek des Herzogs, die er von Jugend an gesammelt hatte, die wohl einzigartige „Morgengabe" eines Herrschers an sein Land.

Wolfenbüttels neuer Fürst hatte nichts Martialisches, und so zeigt auch sein Denkmal auf dem Stadtmarkt Herzog August nicht in der üblichen Pose des Triumphators, sondern als nachdenklichen Reiter, der sein Pferd zur Tränke führt und vielleicht darüber nachsinnt, wo in der zerstörten Residenz er einen Platz für seine geliebten Bücher finden könnte.

August lässt den herzoglichen Marstall zur Bibliothek umbauen und stellt sie nach einem von ihm selbst erdachten, sehr einfachen System auf: in 20 Rubriken nach der Größe. Das spart Platz, ist aber nur sinnvoll, wenn ein guter Katalog dazugehört. Auch den entwickelt er selbst und schreibt ihn auch eigenhändig. Obwohl er umsichtig die Stadt wieder aufbaut, erlahmt sein bibliophiler Sammeleifer nicht. In ganz Europa hat er Agenten, die für ihn kaufen und ihm die Bücher, Drucke und Manuskripte kistenweise oder in der damals bestmöglichen Verpackung schicken – in Fässern. Als Herzog August 1666 mit 87 Jahren

Klein Venedig. Die Okergracht ist ein malerischer, doch bescheidener Rest des Kanalsystems der alten Festung Wolfenbüttel

starb, hatte er eine Bibliothek zusammengetragen, die 135400 Titel zählte und sich mit der des Vatikans und des Kaisers in Wien um den Rang der größten der Welt streiten konnte. Sie vereinte das annähernd komplette Wissen des Abendlandes. In seinem Testament verfügte August, dass sie für immer in Wolfenbüttel bleiben und jeder, der würdig sei, Zugang zu ihr erhalten sollte. Heute ist die „Augusta" (das bedeutet auch „die Erhabene") eine wichtige Forschungsstätte für das Mittelalter und die frühe Neuzeit.

Unter den vielen „hochgelahrten" Bibliothekaren, die die Augusta betreuten, ragen zwei illustre Häupter hervor. Der Philosoph Gottfried Wilhelm Leibniz, der ihr 25 Jahre vorstand, hat nicht nur durch sein europaweites Ansehen den Ruhm der Bibliothek gemehrt, er hat auch mit einen alphabetischen Titelkatalog, der bis ins 20. Jahrhundert benutzt wurde, ihren riesigen Bestand erschlossen.

Ein halbes Jahrhundert später, von 1770 bis 1781, aber machte Gotthold Ephraim Lessing die Bibliothek zu einem gelehrten, aufklärerischen Kampfinstrument. Er gründete die Zeitschrift „Zur Geschichte und Litteratur. Aus den Schätzen der Herzoglichen Bibliothek zu Wolfenbüttel" und schrieb im Vorwort der ersten Ausgabe: „Worauf es bei der Geschichte einer Bibliothek hauptsächlich ankömmt, ... daß man zeigt, wozu es denn nun auch der Gelehrsamkeit und den Gelehrten genutzt habe, daß so viele Bücher mit so vielen Kosten hier zu Hauff gebracht worden. Das allein sind die Taten der Bibliothek; und ohne Taten gibt es keine Geschichte."

Lessing schrieb in Wolfenbüttel seinen „Nathan"

Und Lessing schritt zur Tat. Er stöberte Handschriften auf, die als unwiederbringlich verloren galten. Brisant aber war seine Veröffentlichung der „Fragmente eines Ungenannten", die heute von der Wissenschaft „Wolfenbütteler Fragmente" genannt werden, Manuskripte aus dem Nachlass des 1768 verstorbenen Hamburger Professors für orientalische Sprachen Hermann Samuel Reimarus. Mit den Mitteln von Logik und Textanalyse durchleuchtet Reimarus rigoros die biblische Überlieferung.

Mit der Veröffentlichung hatte Lessing eine Brandfackel ins trockene Gebälk der lutherischen Orthodoxie geworfen. Der wortgewaltige Hamburger Pastor Johann Melchior Goeze versuchte, sie zurückzuschleudern. Es kam zum „Fragmentenstreit", den der Herzog mit einem Machtwort beendete.

Lessing schwieg und schrieb im Sterbehaus seiner Frau, im heutigen Lessinghaus in Wolfenbüttel, sein Vermächtnis: „Nathan der Weise". Aber der Tod von Frau und Kind, der erbitterte Streit mit Goeze, hatten seine Kräfte aufgezehrt. Lessing stirbt 1781.

Die Stadt Wolfenbüttel hat ihren berühmten Sohn zu seinen Lebzeiten nicht gemocht. Er war ihr fremd und unheimlich. Postum aber hat Wolfenbüttel ihn heftig umarmt. Nennt sich „Lessingstadt" und ist stolz darauf. Für die vielen Besucher, die Lessings und der Biblioteca Augusta wegen kommen, hat Wolfenbüttel sich fein gemacht. Unter dem Motto „Junges Leben in alten Häusern" wurden die meisten der mehr als 600 Fachwerkhäuser saniert und restauriert. Den alten Bahnhof, den die Bahn nicht mehr wollte, hat sie für einen Euro gekauft und zum „Kulturbahnhof" umgebaut. Was findet man darin? Neben einer Galerie und einer Gaststätte – eine Bibliothek natürlich. □

MERIAN | INFO Wolfenbüttel

Nach einem Plan aus der Zeit vor 1749

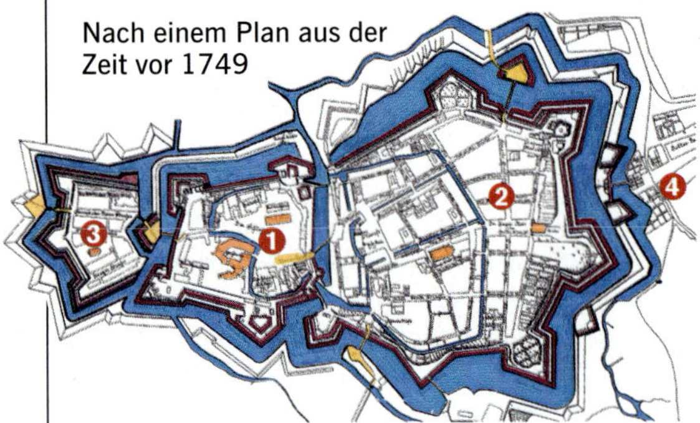

Der Schlossbezirk ❶ entstand 1432 nach der Umsiedlung der Herzöge aus Braunschweig. Holländische Wasserbauer legten die sumpfige Niederung der Oker trocken, indem sie ein **Grachtensystem** anlegten. So konnte ab 1568 die Heinrichstadt ❷ gebaut werden. Die Oker war ab 1577 schiffbar. Um 1600 war Wolfenbüttel die am stärksten ausgebaute Festung in Norddeutschland. Dennoch gelang es den Dänen, sie 1626 zu besetzen, und den kaiserlichen Truppen, die Stadt zu fluten. 1643 zog Herzog August in Wolfenbüttel ein und gründete 1652 die Auguststadt ❸ als Handwerkersiedlung. 1747 wurden die Stadtteile mit dem Vorwerk Gotteslager (ab nun Juliusstadt) ❹ offiziell zur Stadt Wolfenbüttel vereinigt.

Hans Markus Thomsen, *Historiker, Philologe und freier Autor aus Hamburg, teilt Herzog Augusts Leidenschaft für Bücher.*

Wolfenbüttel
Willkommen in der
Residenz der Welfenherzöge
Wolfenbüttel
spezial
... viel mehr als Sie denken!
STADT WOLFENBÜTTEL
www.wolfenbuettel-tourismus.de
Stadtmarketing Wolfenbüttel
IWW
Wolfenbüttel
KULTUR BAHNHOF
wolfenbüttel

2006 Noch dominieren die Baukräne am Braunschweiger Bohlweg. Doch schon in wenigen Monaten wird das Stadtschloss neu erstanden sein. Nach der Dresdner Frauenkirche die zweite große Wiederaufbauleistung im vereinten Deutschland

Das **Schloss** in

Braunschweig war Residenz. Braunschweig war Hauptstadt.
60 Jahre nach dem Krieg bekommt die Stadt wieder ihre historische Mitte: das Stadtschloss entsteht von Neuem

der Mitte

1880 Blühendes Handwerk am Langen Hof in den besten Gründerjahren. Diese Straße ist die direkte Verbindung zwischen Schloss und Altstadt

Sechzig Jahre nach Gründung des Landes Niedersachsen ist Braunschweig auf dem besten Weg, wieder Residenzstadt zu werden. Als erste Schlossreplik des neuen Jahrtausends – früher als in Berlin, so oder so – entsteht das 1944 teilweise kriegszerstörte ehemalige Domizil der Herzöge von Braunschweig neu.

Jedenfalls zum Teil oder auf den ersten Blick. Von der Innenstadt aus präsentiert sich dem Betrachter die beeindruckende, 116 Meter breite Hauptfront genau so, wie sie Hofbaumeister Carl Theodor Ottmer 1833–40 schuf – ein wahres Juwel des Klassizismus. Schaut man hinter die Fassade und nach links, erkennt man einen riesigen Neubau, der kein historisches Vorbild hat, und lernt fein zu unterscheiden: „Residenzschloss" heißt die Rekonstruktion, „Schloss-Arkaden" wird der Annex genannt, der auf dem einstigen Schlosshof entsteht.

Der Gesamtkomplex gehört dem Hamburger Investor ECE, einem der größten europäischen Geschäftsimmobilienunternehmen, und der schweizerischen Credit Suisse. In das Residenzschloss (13 000 Quadratmeter) ziehen das Stadtarchiv, die Stadtbibliothek, die Öffentliche Bücherei, das Kulturinstitut und ein Schlossmuseum ein. In den Schloss-Arkaden (30 000 Quadratmeter) eröffnet auf drei Ebenen eine Shopping-Galerie mit 150 Geschäften, Restaurants, Cafés, Lebensmittel- und Delikatessläden und Servicebetrieben.

Das 200 Millionen Euro teure Großprojekt soll nach einer Rekordbauzeit von nur 20 Monaten im März 2007 fertig werden, die Diskussion der Braunschweiger jedoch, ob diese Verbindung von Historismus und Moderne – oder der Kompromiss von Kulissenarchitektur und Kommerz – zulässig oder faul sei, ist dann gewiss noch nicht beendet.

Unstrittig ist, dass die Kommune oder selbst das Land den Neubau des Schlosses mit eigenen Mitteln auf ab-

Ein Schloss a

2006 Das Modell des um die Schloss-Arkaden erweiterten Residenzschlosses. Ab Frühjahr 2007 wird der Komplex kommerziell und kulturell genutzt werden. Diese Symbiose und die enge Verbindung von Historismus und Moderne ist unter den Braunschweigern umstritten

sehbare Zeit nicht hätte verwirklichen können. Viele Braunschweiger wollten das Welfenschloss wiederhaben. Erstens vermutlich, um einen repräsentativen Ausgleich für so manchen unglücklichen Innenstadtneubau in der späten Nachkriegszeit zu schaffen, und vor allem wohl, um einen banausenhaften Beschluss des Stadtparlaments von 1959 wieder gutzumachen: die Abrissverfügung für das Schloss, dessen Kriegsschäden durchaus zu beseitigen gewesen wären.

Das Land Niedersachsen hatte 1955 als Rechtsnachfolger des bis 1946 bestehenden Landes Braunschweig das Schloss der Stadt Braunschweig übereignet. Daran war die Bedingung geknüpft, den Bau binnen fünf Jahren entweder wieder instandzusetzen oder abzureißen. Geld, das zur Verfügung stand, wurde jedoch nur für Sicherungsmaßnahmen verwendet. Damals tauchten Pläne auf, das Schloss zur Stadthalle mit Kinos und Restaurants umzubauen.

Doch weder wurde dieses Projekt verwirklicht (die Stadthalle entstand später weitab vom Zentrum in der Nähe des neuen Hauptbahnhofs) noch die originalgetreue Wiederherstellung. Die mit absoluter Mehrheit im Stadtrat vertretenen Sozialdemokraten ließen sich in ihrer Abneigung gegen das Schloss weniger von antimonarchistischen Ressentiments leiten, sondern sahen in dem Bau vor allem ein Symbol des Nazi-Regimes, das in den Schlossräumlichkeiten zwischen 1935 und 1945 eine seiner beiden SS-Junkerschulen unterhalten hatte. Zwei Stimmen Mehrheit im Rat besiegelten das Schicksal des Welfenschlosses.

1960 wurde die Residenz plattgemacht, begleitet von wütenden Protesten der Braunschweiger. Große Bauteile wurden im städtischen Bauhof eingelagert, andere kamen auf dem Gelände späterer Kleingartenkolonien und am Kralenrieder Rodelberg unter die Erde.

Doch immerhin wurde dafür gesorgt, dass viele Relikte nicht zerstört, sondern „zur Wiederverwendung irgendwann“ nur vergraben und zuvor sogar zum Teil akribisch gekennzeichnet wurden. An der Stelle des abgerissenen Schlosses und des früheren Schlossgartens entstand die Grünanlage „Schlosspark“.

s **Spiegel** alter und neuer Zeiten

1960 Der Abriss ist beschlossen und beginnt, trotz großer Proteste und obwohl das Schloss leicht hätte wiederaufgebaut werden können

2006 Ein Steinsetzer aus Krakau macht sich daran, ein Stück der Fassade einzubauen

1960 Ein Arbeiter meißelt einen Fries mit Löwenkopf aus der Fassade. Viele dieser Schmuckstücke wurden später gerettet

2006 Eine Originalfigur vom Portikus hat die Jahrzehnte überdauert und wird wieder eingesetzt

Nach einem Planungsangebot des Investors ECE, das die Frontrekonstruktion des Schlosses beinhaltete, beschloss der Rat der Stadt im Juli 2004 den Bau des Einkaufszentrums – mit einer Stimme Mehrheit. Wie 45 Jahre zuvor gab es Proteste. Bürgerinitiativen befürchten Nachteile für den Einzelhandel in der Innenstadt oder forderten die Erhaltung des Schlossparks.

Den internationalen Architektenwettbewerb für das Einkaufszentrum entschied das Berliner Architektenbüro Grazioli und Muthesius für sich. Oberbürgermeister Gert Hoffmann (CDU) nahm am 13. Juli 2005 den Spaten für den ersten Stich in die Hand, und seitdem gehen die Arbeiten unter Federführung des Generalunternehmers Hochtief fast schneller voran, als man zugucken kann.

Von den 8814 Quadern, die vor den Beton der Schlossfassade bis in 21 Meter Höhe, der oberen Simskante, gesetzt werden, wurden 8250 in der Sächsischen Schweiz und in Süddeutschland neu gebrochen. Die erhaltenen 564 Originalteile ließ man in Pirna sorgsam mit Wasser und Bürste aufpolieren. Die originalen Stücke seien, wie Stadtbaurat Wolfgang Zwafelink betont, ein wichtiger Bestandteil des rekonstruierten Schlosses, weil sie die direkte Verbindung zum historischen Bau herstellten und dem Neubau Authentizität gäben. Es sei auch im Sinne einer „kritischen Rekonstruktion", wenn sich alte und neue Steine farblich leicht voneinander abheben würden.

Abgerissen, doch über **45 Jahre** nic

2006 Polnische Steinsetzer errichten die Fassade des Residenzsschlosses aus Sandstein freitragend vor dem Gebäudekörper aus Beton. Dabei können viele Originalteile verwendet werden

Zu den erhaltenen Teilen gehören neben einfachen Quadern Bogensteine, Säulen, Kapitelle und figürliche Reliefs. Einige wiedergekehrte Kapitelle stammen aus dem Brunnen im Schlosspark, dem Atrium eines Hotels und einem privaten Vorgarten. Schön, aber aufwändig zu restaurieren ist der Figurenfries, der sich über dem Portikus des Schlosses befand und Darstellungen aus der Zeit Heinrichs des Löwen zeigt.

Hofbaumeister Carl Theodor Ottmer, ein Bewunderer des berühmten Schinkel, hatte ein klassizistisches Schloss mit vielen barocken Adaptionen gebaut. Es enstand anstelle des Vorgängerbaus aus dem 18. Jahrhundert, den Braunschweiger Revolutionäre im September 1830 angezündet hatten, woraufhin der wegen seiner Verschwendungssucht verhasste „Diamantenherzog" Karl II. floh. Sein Bruder und Nachfolger Wilhelm erteilte den Auftrag zum Neubau der Residenz, deren Front von einer sechssäuligen antikisierenden Tempelfassade dominiert wurde. Auf der Rückseite des dreiflügeligen, U-förmigen Baus war eine Rotunde Mittelpunkt des Schlosshofes. 1837 waren die herzoglichen Privatgemächer im Nordflügel und drei Jahre später die Repräsentationsräume im Haupt- und Südflügel fertig, 400 Schlossräume insgesamt. 1841 war festliche Eröffnung.

t vergessen

Höfische Pracht konnte sich unter dem Hausherrn Wilhelm allerdings nicht so recht entfalten. Der Herzog war Junggeselle und vergnügte sich mit den nicht wenigen ihm zugetanen Damen häufig anderswo. Mit seinem Tod 1884 war auch die braunschweigische Linie der Welfen ausgestorben. Die Preußen setzten den Hohenzollernprinzen Albrecht als Regenten ein, ihm folgte 1906 der Mecklenburger Johann Albrecht. Erst nach der Hochzeit des Hannoveraners Ernst August mit der Kaisertochter Viktoria Luise herrschte wieder ein Welfe am Bohlweg. Nach der Abdankung des Herzogspaars 1918 zogen das Naturhistorische Museum, das Kleine Haus des Staatstheaters und die Landessteuerstelle in das Schloss. Und 1935 nisteten sich die Nazis dort ein. Der Rest der Geschichte ist bekannt.

Mit dem Neubau des herzoglichen Schlosses wird eine bedeutende Epoche Braunschweiger Geschichte wieder lebendig : „Mit der Unterbringung der städtischen Kultureinrichtungen", sagte Oberbürgermeister Hoffmann beim Richtfest, „wird das Schloss jetzt erstmalig ein Schloss für alle Bürger." Wenn auch ohne Hofbälle und Wachablösungen.

TEXT: MATHIAS MESENHÖLLER

Als **Braunschweig** Sta

Die Welfen sind ein uraltes deutsches Fürstengeschlecht. Über Höhen und Tiefen der Dynastie, herausragende Regenten und die Vorzüge der alten Residenzstadt sprach MERIAN mit Heinrich Prinz von Hannover

at machte

Das Verlobungspaar
Ernst August und Viktoria Luise im Februar 1913. Neun Monate später zog das inzwischen frisch vermählte Herzogspaar in die Residenzstadt Braunschweig ein – unter dem Jubel der Einwohner, schließlich war mit dem Bräutigam nach 29 Jahren wieder ein Welfe Souverän im Herzogtum. Für genau fünf Jahre, denn es war bereits der Vorabend des Ersten Weltkriegs, der auch die Welfendynastie 1918 vom Thron fegen sollte

Der letzte der Welfen, der in Braunschweig regierte, war eine Frau, noch dazu eine Hohenzollerin. Signierte die Herzogin ihre Memoiren, standen die Bürger Schlange wie die Teenager; verspätete sie sich – gegen ihre preußische Gewohnheit – zum Theater, blieb der Vorhang unten, bis sie saß: Viktoria Luise, die Witwe des 1918 entthronten Herzogs Ernst August, Tochter Kaiser Wilhelms II. Die charmant-resolute alte Dame, die sich auch mit einem Klaren oder einer Zigarette nichts vergab, brachte einen Hauch Residenzatmosphäre zurück in die vom Zweiten Weltkrieg zerstörte, zum Sitz der Bezirksregierung im Zonenrandgebiet degradierten vormaligen Landeshauptstadt. Und wurde noch zu Lebzeiten ein Mythos.

Der Kreis war geschlossen. Eine ähnliche Anhänglichkeit hatten die Braunschweiger zuletzt acht Jahrhunderte davor gezeigt, fast aufs Jahr genau. Heinrich der Löwe, Herzog von Sachsen seit 1142 und von Baiern seit 1156, wählte als erster deutscher Fürst eine ständige Residenz, baute sie aus und protegierte sie, brannte ihre Konkurrenten nieder, vor allem: machte seine Braunschweiger zu Partnern. Was er ins Leben rief, war kein Untertanenhäuflein hinterm Schild des Stadtherrn, sondern eine unternehmerische, selbstverwaltete und überaus wehrhafte Schwurgemeinschaft – Eidgenossen sagte man andernorts. Beide Seiten profitierten, und als im Konflikt mit Kaiser Friedrich Barbarossa die adligen Burgmannschaften schon abgefallen waren, hielten die Städter noch zu ihrem Herzog. Er unterlag 1180, aber Braunschweig war auf den Weg gebracht.

Die Löwenstadt wuchs zur Metropole, zählte im 14. und 15. Jahrhundert zu den größten Städten Deutschlands, wurde zu Reichstagen geladen und stieg zu einem „Vorort" der Hanse auf, neben Lübeck und Köln. Mit der Zeit wurde den Herzögen das Selbstbewusstsein der Bürger zu viel, sie verlegten ihren Sitz nach Wolfenbüttel (siehe Seite 44) und eroberten sich Braunschweig erst 1671, nach dessen wirtschaftlichem Niedergang, zurück.

Im Zeitalter des Absolutismus wurde Braunschweig ein Zentrum der Aufklärung; die Fürsten förderten Kultur und Wirtschaft, überstanden – wenn auch gezaust – die Verfassungskonflikte des 19. Jahrhunderts und retteten Stadt und Land selbst durch die welfische Katastrophe von 1866, als Preußen die Vettern in Hannover vom Thron stieß und das Königreich annektierte: Die den Hohenzollern verbundenen Braunschweiger durften weiterregieren. Als sie 1884 ausstarben, war erbrechtlich wieder Hannover am Zug, doch setzte Bismarck einen Preußenprinzen als Regenten durch – Welfentum und Berlin hatten ihr zäh nachwirkendes Verhältnis gefletschter Zähne entwickelt.

Die offizielle Aussöhnung besorgte die Geschichte dann im Gewand eines Groschenromans: Ernst August, Prätendent auf Hannover und Braun-

Dynastischer **Glanz** alt und neu

Welfen aus drei Jahrhunderten: Ernst August, Herzog von Cumberland und Sohn des letzten hannoverschen Königs Georg V., ließ sich mit Sohn Ernst August (Herzog 1913–18) und Enkeln fotografieren. Herzogin Viktoria Luise demonstrierte 1959 mit Braunschweiger Bürgern gegen den Abriss des Schlosses. Prinz Ernst August, hier mit Ehefrau Caroline, ist Chef des Hauses Hannover

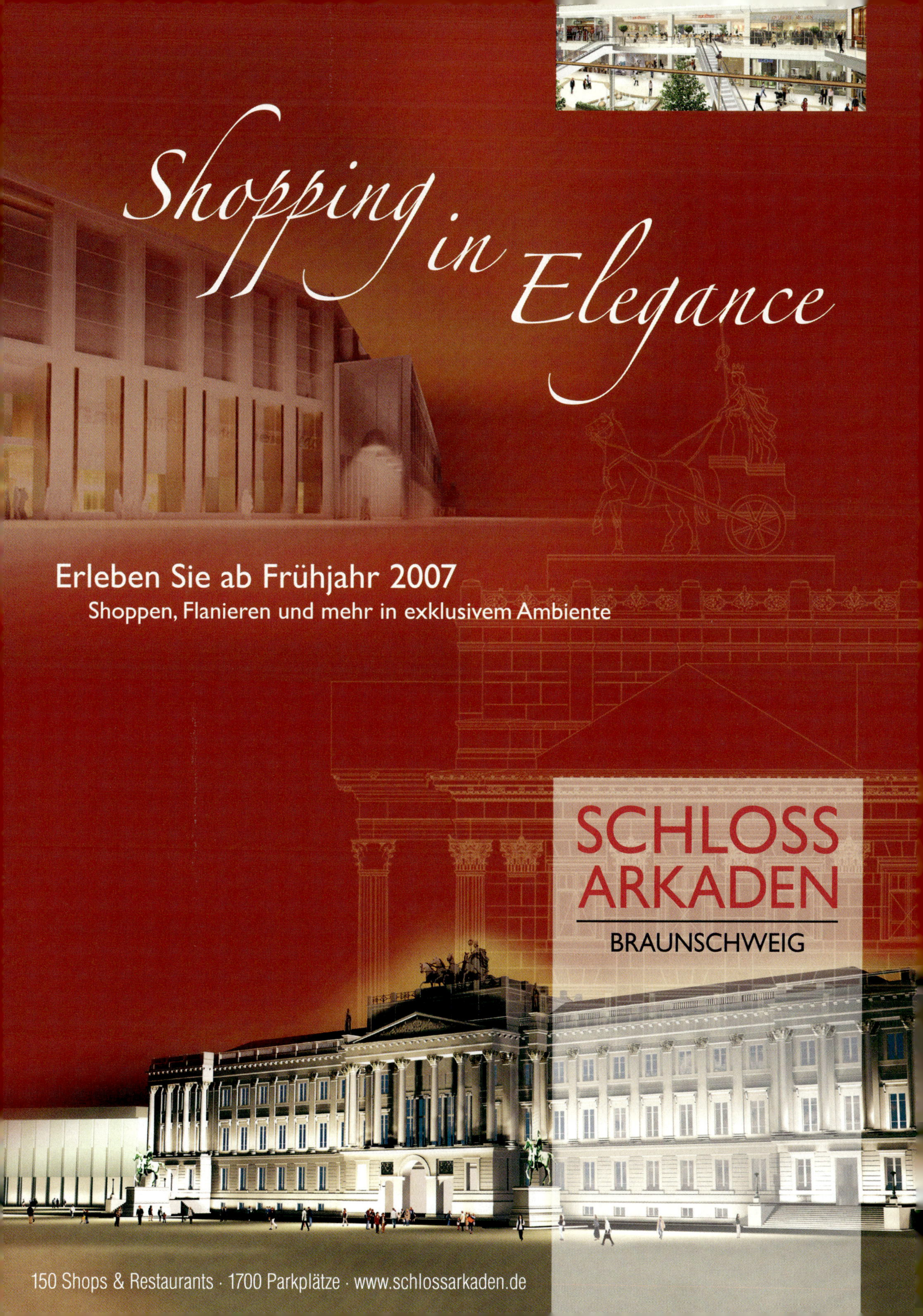
Shopping in Elegance
Erleben Sie ab Frühjahr 2007
Shoppen, Flanieren und mehr in exklusivem Ambiente
SCHLOSS ARKADEN
BRAUNSCHWEIG
150 Shops & Restaurants · 1700 Parkplätze · www.schlossarkaden.de

Heinrich der Löwe (1129–95), Herzog von Sachsen und Baiern, ist auf dem Gemälde (um 1836) mit dem Löwen dargestellt, dem er der Legende nach das Leben rettete. Das Evangeliar Heinrichs, das in seinem Auftrag um 1188 in der Benediktinerabtei Helmarshausen entstand, zeigt seine Hochzeit mit der englischen Prinzessin Mathilde

schweig, sah sich angesichts der honorigen Anteilnahme Wilhelms II. am Unfalltod seines älteren Bruders zu einer Dankvisite genötigt, verliebte sich während einer Fachsimpelei im Pferdestall in die einzige Tochter des Kaisers und bekam nach harten Verhandlungen einen halbierten Package-Deal: Viktoria Luise und Braunschweig, aber ohne Hannover. Das war 1913, fünf Jahre später vertrieb ein Arbeiter- und Soldatenrat das Paar. Die Welfenherrschaft war zu Ende – bis auf jene Nachblüte, die Regentschaft der inzwischen verwitweten, 1956 nach Braunschweig zurückgekehrten Herzogin über das gesellschaftliche Leben der Stadt.

Was bleibt? Gibt es fortwirkendes Erbe? Prinz Heinrich von Hannover guckt, als habe man nach der Erde als Kugel oder Scheibe gefragt. Der Enkel der Kaisertochter leitet einen kleinen Verlag in Göttingen, erstellt Multimediasysteme für Museen, zuletzt sind in seinem Haus einige Welfentitel erschienen – die naheliegende Adresse für eine Einschätzung aus erster Hand. Die Antwort, fast schon empört:

Das sei doch das Faszinierende, dass in Braunschweig vergangene Größe nicht bloß versteinert herumstehe, sondern gepflegt und benutzt werde, lebe. In einer Dichte und historischen Tiefe, die ihresgleichen suche, „Braunschweig war und ist die Kulturhauptstadt Niedersachsens“. Konkurrenz: keine. Mit den ersten Sätzen wird klar, dass der Prinz eine Fernbeziehung führt, Beruf und Familie in Göttingen – Herz in Braunschweig. Oder ist es bloßer Ahnenstolz? Ließe sich der Nachruhm etwa des Löwen nicht eher auf die andere, südliche Gründung stützen? Schalkhaftes Lachen: Braunschweig möge ja eine Stadt auf den zweiten Blick sein, „aber dann bietet es inhaltlich fast mehr als München“. Das sei zwar größer und reicher, auch die Sammlungen, doch das Landesmuseum und das Herzog Anton Ulrich-Museum, sozusagen die Pinakothek der Welfen, enthielten zum Teil bedeutendere Objekte. Allein die Graphische Sammlung, die mittelalterliche Sakralkunst, dann die aus dem Collegium Carolinum hervorgegangene Technische Universität, Schloss und Park Richmond, das exzellente Opernhaus, nach Hamburg das zweite öffentliche in Deutschland und seinerzeit prächtiger als das in London – der Mann ist überzeugt von seiner Sache. Freilich auch Welfe genug, zwischendurch von „unseren“ Sammlungen zu sprechen. Es waren die Herzöge zumal des Barocks und der Aufklärung, Anton Ulrich (regierte

Der Löwe überschattet alles

1685–1714) und Karl I. (1735–80), die an die hochmittelalterliche Kulturmetropole anschlossen und die Pfunde mehrten, mit denen Braunschweig heute wuchern kann. Ganz abgesehen von der Modernisierung der Wirtschaft, Manufakturen, die am Vorabend der Industrialisierung standen, dem Fürstlichen Leihhaus als Vorgänger der Nord/LB. Die bedeutendsten Herzöge nach dem alles überschattenden Löwen also?

Heinrich von Hannover hält das Gespräch spannend: Nein. Wenn er schon zwei Zweitwichtigste nennen soll, dann Julius und Karl Wilhelm Ferdinand. Herzog Julius (1568 bis 1589) setzte die in der Stadt Braunschweig bereits vollzogene Reformation landesweit durch, ohne ihn wäre eine Rekatholisierung nicht ausgeschlossen gewesen. Nun, und? – „Na, die Freiheit!" Der lutherische Christ frei vor seinem Gott, ohne priesterliche Vermittlung: das wies doch in die Zukunft. Außerdem eine effiziente Verwaltung – ein starker Regent, Herzog Julius. Dann, 200 Jahre später, Karl Wilhelm Ferdinand (1780–1806): Soldat, eine umstrittene Gestalt, Anführer der vielbezwungenen Koalitionstruppen gegen das revolutionäre Frankreich, 1806 bei Jena tödlich verwundet, als preußischer Oberbefehlshaber über die ärgste Schlappe, die Berlin je einstecken musste. Er förderte das Mathematikgenie Gauß und den Komponisten Spohr, konnte sie jedoch nicht halten, sei letztlich überhaupt in allem gescheitert – aber „repräsentativ bis zum Abgang". Da ist eine gewisse Sympathie mit der Aura, Freude an der großen Figur, die der Löwenenkel bei aller Zeitgenossenschaft nicht verbirgt. Die bloßen Kunstfürsten sind ihm zu wenig.

In der falschen Zeit gelandet, Lust, selbst zu regieren? Nein, keine Nostalgie. Er fühle sich wohl im 21. Jahrhundert, als Verleger. Wie könnte eine analoge Negativliste aussehen? Nachdenken. August Wilhelm (1714–31) vielleicht, der sich ins gemachte Nest gesetzt und bei allen Sammlererfolgen als Herrscher nicht viel getaugt habe. Karl II. natürlich, der ab 1823 derart ungeschickt umeinanderregierte, dass die Braunschweiger meuterten und ihm 1830 das Schloss abbrannten, er floh bepackt mit allem, was in die Reisetasche ging und Wert hatte – daher der „Diamantenherzog". Der alte Städtergeist hatte den ruppigen Machtanspruch des Fürsten nicht ertragen und

Bismarck hebelte die **Welfen** aus

Heinrich Prinz von Hannover, geboren 1961, ist das jüngste von sechs Kindern des Prinzen Ernst August (1914–86), der Sohn des letzten Herzogspaares war. Heinrich, Familienvater, arbeitet als Verleger und ist karitativ tätig

sich nicht minder ruppig aufgelehnt: „Der Lausejunge soll herauskommen!" rief die Menge, bevor sie stattdessen selbst ins Schloss hineinkam. Ähnlich glücklos Friedrich Ulrich – wer? wann? Der Prinz setzt an, „das ist, also der war –" und lacht.

Etwas Beruhigendes geschieht: Um die genaue Position des Vorfahren in der über jedes Maß verzwickten und verwinkelten Familiengeschichte auszumachen, muss selbst der Welfe zur Stammtafel greifen. Kurz, eine reine Liebesgeschichte verbindet sie nicht, Braunschweig und die Welfen. Dazu waren beide Seiten zu selbstbewusst. Sie sind es noch – aber die Machtfrage ist geklärt. Wie auch in der häufig zerrissenen Stadt ein übergreifendes Bürgerbewusstsein wirkt: „Dieser Zusammenhalt, der macht Braunschweig agil", der Welfe erkennt es freudig an. Aber da sei eben auch noch ein Zweites: Herr von Hannover klettert auf einen Hocker und fischt einen Guckkasten vom Bücherregal, Baujahr ca. 1900. In dem Kasten erscheinen Postkarten von Schloss Cumberland in Gmunden, dreidimensional, presst man die Augen hart genug auf die Sehstulpen. Eine Ritterstatue. Heinrich der Löwe. „Den haben wir gerettet, erst in unseren Garten, da bekam ihm aber das Wetter nicht. Jetzt steht er auf der Marienburg und sieht aus, als hätte er da immer hingehört."

Prinz Heinrich blättert weiter und kommt noch einmal auf Heinrich den Löwen, den legendären Gründerherzog und seine Bedeutung für die Stadt, als Symbol und Klammer auch für die späteren Reichtümer. Nicht zuletzt den Fürstenmythos habe Braunschweig anderen Städten voraus, wenn es die kulturellen Früchte seiner spannungsreichen Geschichte zwischen städtischem Freiheitsstolz und herzoglicher Repräsentation heute nutze. Oder neu gewinnt, wie in der Wiedererrichtung des Residenzschlosses? Genau. Bloß, da müsse ja eigentlich noch ein Apartment für die Familie rein: „Welfenschloss ohne Welfen, das wär' doch Etikettenschwindel, oder?" Das listige Schmunzeln könnte man sich auch im Gesicht der Großmutter vorstellen, die vergeblich gegen den Abriss demonstrierte – auch *ihre* Regentschaft blieb nicht ohne Niederlage. Die wird nun revidiert. □

Mathias Mesenhöller *arbeitet am Geisteswissenschaftl. Zentrum Geschichte und Kultur Ostmitteleuropas in Leipzig.*

Von Sachsen nach Niedersachsen

MERIAN | INFO Das Herzogtum Braunschweig

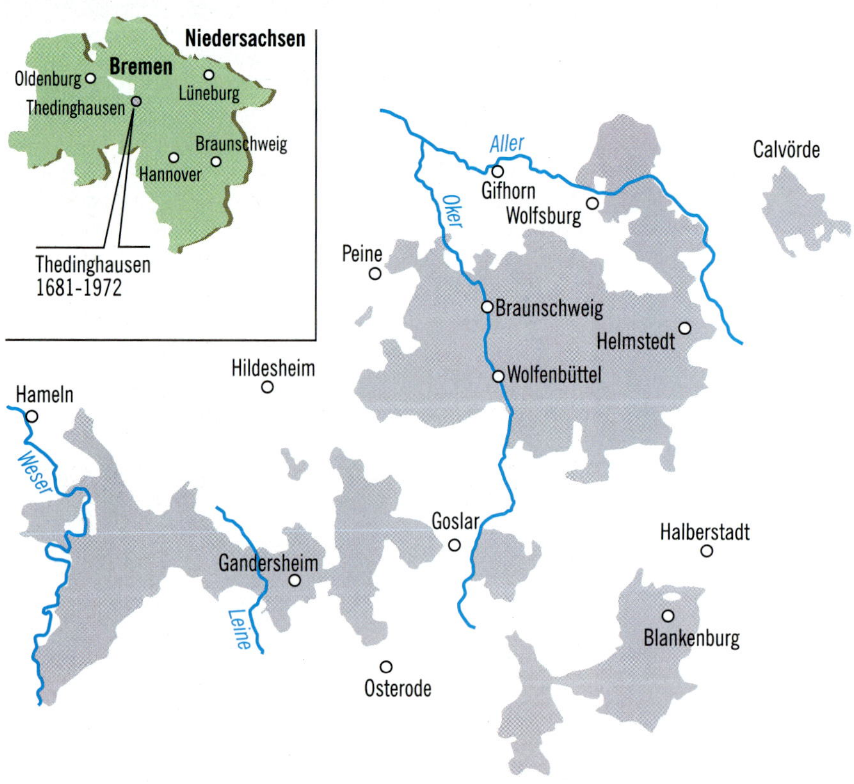

Ab 7. Jh. Frühester Vorläufer des Herzogtums Braunschweig war das Stammesherzogtum Sachsen, das zur Zeit Heinrichs des Löwen in etwa das heutige Niedersachsen, Holstein, Westfalen, das nördliche Sachsen-Anhalt und die von den Slawen eroberten Gebiete Mecklenburg und Pommern umfasste. **1180** verlor Heinrich durch Ächtung die Herzogswürde von Sachsen und Bayern. **1235** erhielt Otto das Kind, Heinrichs Enkel, die Eigengüter der Welfen in Sachsen als Reichslehen. Dieses territorial nie ganz zusammenhängende Herzogtum Braunschweig-Lüneburg wurde im Mittelalter einige Male geteilt. So entstanden mehrere welfische Linien. Die Teilfürstentümer existierten bis **1806**, ehe aus ihnen nach dem Wiener Kongress **1815** das Königreich Hannover und das Herzogtum Braunschweig gebildet wurden. Der **1922**, vier Jahre nach dem Ende der Monarchie, errichtete Freistaat Braunschweig ging **1946** im neuen Land Niedersachsen auf.

Galant: Junge Damen mit Rosen und bei der Toilette. Die Schnupftabakdosen sind auf dem Detail eines Lackgemäldes angeordnet

Die Mode kam aus Ostasien. Adel und Bürgertum verliebten sich vor 250 Jahren in den makellosen Glanz lackierter Waren und ihre oft pikanten Darstellungen aus der Manufaktur Stobwasser

Text: Karola Kostede

Lust auf Lack

Sie ist nackt, nur von einem Kranz aus rosa Blüten umhüllt. Das braune lange Haar trägt sie offen. Ihr Deckname: „Flora“, so wie die römische Göttin der Blumen. Nur darum ist ihre Blöße kein Stein des Anstoßes im späten 18. und im noch prüderen 19. Jahrhundert. Ein anderes Fräulein gibt sich etwas adretter, ganz in Geist und Stil des Biedermeiers. Im Sonntagskleidchen, brav wie eine Konfirmandin, hält es eine Violine in der Hand. Doch ein allzu keckes Lächeln lässt ahnen, dass es mit der sittsamen Maid noch irgendetwas anderes auf sich hat.

Entblößte Mädchen, mit oder ohne Blumen, gehören zu den populärsten Motiven auf Schnupftabakdosen. Vor allem die Herren vom Militär lieben die delikaten kleinen Döschen aus Braunschweig. Lackkunstwaren von Evers, Stockmann und Stobwasser sind im 18. und 19. Jahrhundert sehr begehrt. Besonders die feine Malerei der Manufaktur Stobwasser wird in der wohlhabenden Residenzstadt Braunschweig bei Hofe und Bürgertum hochgeschätzt.

Im Sortiment sind lackierte Spazierstöcke, Vasen, Kannen und Leuchter, sogar prächtige Möbelstücke, die für

Spieleschatulle mit Jetondosen (um 1820), Geschenk für Reiter und Freunde der Kavallerie

1

1 Schnupftabakdose. Deckel: junge Violinspielerin. Steckdeckel: der Besuch des Kavaliers (um 1825)
2 Kratervase (Blech, Zink, Messing) mit der Neuen Wache in Berlin, Dekor in Öllackmalerei (um 1820)

2

europäische Fürstenhöfe bestimmt sind. Vor allem aber Trinkbecher, Tabletts und Dosen: 40 Schichten Papier werden geleimt und gepresst, bis das Material steinhart ist. Dann wird es poliert und bemalt. So entsteht aus schnöder Pappe eine Kostbarkeit.

Unverkennbare Merkmale des Hauses Stobwasser sind der schwärzeste Lack aller Zeiten und die feinsten und zartesten Pinselstriche; den Ruhm ihrer Lackwaren verdankt die Manufaktur vor allem dem Fleiß und der Fertigkeit von Johann Heinrich Stobwasser.

Von klein auf bewundert der junge Kunsthandwerker die glänzenden Tabatieren und Bonbonnieren, die sein Vater, ein Jahrmarktshausierer, zuweilen in seinem Galanteriewarenangebot führt. Als 17-Jähriger entwickelt Johann Heinrich eine eigene Lackrezeptur. Die typische stobwassersche Schwärze entsteht nicht allein durch das Gemisch von Bernstein und Harzen, sondern erst durch das mehrschichtige Auftragen des Lacks.

Das junge Unternehmen floriert, wobei der Erfolg von Stobwasser auch durch die merkantilistische Wirtschaftspolitik von Herzog Karl I. (reg. 1735-80) befördert wurde – mit einem „Startup-Paket", so würde man heute sagen, das für Firmengründer Vergünstigungen wie Kredite, Zuschüsse und ein Wohn- und Betriebsgebäude vorsah. Das 1771 bezogene, bald stark erweiterte und umgebaute Haus in der Echternstraße 16 ist bis heute als das „Stobwasserhaus" bekannt.

Bereits im ersten Produktionsjahr kann Stobwasser Erbprinzessin Auguste als Kundin gewinnen. Die Gemahlin von Karl Wilhelm Ferdinand zählt zu ihrer Aussteuer Lackwaren aus ihrer englischen Heimat, die es ihrer Meinung nach in Qualität und Schönheit kein zweites Mal gibt. Doch Stobwasser präsentiert die Kopie einer englischen Tischplatte, und die Erbprinzessin favorisiert ohne Zögern das Modell aus Braunschweig.

Nun wächst auch das Angebot, man lackiert nicht mehr nur Papiermaché und Holz, sondern auch Eisen- und Weißblech. Wenn jedoch ein ehemaliger Mitarbeiter einen eigenen Betrieb eröffnen will, schreckt Stobwasser

3

3 Napoleon, zwei Versionen einer Schnupftabakdose. Rechts im Gesicht: einige seiner zigtausend Ruhmesopfer. Hut: Preußens Adler, der den Franzosen mit der Kralle an der Schulter packt. Kragen: der große Blutstrom der Kriege. Rock: ein Stück der Landkarte des aufgelösten Rheinbunds (1813)

4 Schreibsekretär (Holz, Papiermaché) mit Öllackmalerei. Landschaftsmedaillons, Floral- und Arabeskendekor (1790)

4

auch vor intriganten Kampagnen nicht zurück. In Eilbriefen an den Herzog beschwert er sich über die angeblich schlechte Qualität der Konkurrenten. Stobwasser will nur eines: den Markt für sich allein. Der Herzog spricht ihm das *privilegium exclusivum* zu, aber nur, weil er die Abwanderung des finanzstarken Unternehmens fürchtet.

Denn Stobwasser expandiert. Sein Schwager Jean Guérin erhält 1773 die Konzession für eine Niederlassung in Berlin und verzeichnet dort bald Erfolge: Schon nach drei Jahren ernennt ihn Friedrich II. zum „Zweiten Hoflackierer". Doch Guérin erkrankt, und Johann Heinrich übernimmt die Berliner Firma, wo er die Geschäfte bis 1802 leitet. Dann kehrt er nach Braunschweig zurück, wo er sich bis zu seinem Tod 1829 der Herrnhuter Brudergemeinschaft widmet. Die Ära der Familie Stobwasser in Braunschweig endet 1831, als Sohn Christian Heinrich das Unternehmen verkauft und nur noch die Geschäfte in Berlin fortführt.

Stobwassersche Lackkunst ist heute im Städtischen Museum in Braunschweig zu bewundern, aber auch in den Kunstgewerbemuseen in Berlin, Dresden und Hamburg, in Weimar (Goethes Trinkbecher!) und im Museum für Lackkunst in Münster in Westfalen. Besonders die Schnupftabakdosen sind heute ein wertvolles Sammlergut, an erster Stelle die äußerst raren Exemplare mit dem doppelten Boden. Jene, auf deren Deckel ein liebliches Fräulein mit einer Violine lockt.

Der Augenblick der Wahrheit naht, wenn der Schuber weggeschoben oder der zweite Deckel aufgeschraubt wird. Die junge Maid ist in der Tat für eine Überraschung gut. Ihr Musikinstrument spielt sie nun nicht mehr. Auf dem Bildchen unter dem Deckel ist sie in einer Kammer einem eher halb uniformierten Herrn sehr zugewandt.

Einige Experten sprechen bei solch delikaten Szenen unter dem doppelten Boden platterdings von Pornografie. Der Herrnhuter Bruder Stobwasser war auf diese Erzeugnisse nicht gerade stolz. Und manchmal gibt es Zweifel: Da die Dosen oft nicht signiert sind, fällt eine eindeutige Zuordnung zuweilen schwer. Doch schließlich wussten die Herren Stobwasser eines gut: So ein Döschen mit einer Dame ohne Höschen ist immer ein gutes Geschäft. □

Karola Kostede *ist Kunsthistorikerin und sucht jetzt unter jedem Deckel.*

HBK

„da, wo die Kunst im Leben ruckelt"

Die Hochschule für Bildende Künste: Braunschweigs „Villa Kunterbunt". Auf höchstem Niveau

TEXT: Verena Lugert

FOTOS: Anne Kathrin Schuhmann

Die HBK ist die einzige Kunsthochschule in Niedersachsen, Studienplätze sind hochbegehrt. Der Kubus der Bibliothek wurde 2000 in Hannover als Expo-Pavillon Mexikos errichtet. Weniger gradlinig gehen zwei Studenten von Gastprofessor Christoph Schlingensief bei „Kunst in Aktion" vor (rechts). Beim Aufbau der Meisterschüler-Ausstellung (links oben) sind die Werke bereits vollendet

MARODE
„Holt uns raus, wir müssen alle verbrennen"

Auf der grünen Wiese, am Rande von Braunschweig, ehemals Zonenrandgebiet, findet die statt, die es normalerweise von der Umklammerung der Provinz in die Arme der Metropole treibt: die Kunst.

„Die Provokation," sagt Deutschlands Agent Provocateur Christoph Schlingensief „wird heute abend so ablaufen, dass es keine gibt." Als Gastprofessor vermittelt er für zwei Jahre theaterpädagogische Inhalte.

Die Aula der Braunschweiger Hochschule für Bildende Künste, kurz HBK, platzt aus allen Nähten. Die Show wird auf eine Großleinwand nach draußen übertragen, wo man Bier ausschenkt und die Studenten ihre Schrägpony-Frisuren in lauer Frühsommerluft schütteln. In den ersten Stuhlreihen des Saales sitzen Universitäts-Honoratioren, den Kitzel der kommenden Brüskierung genießend, und auf der Bühne hacken Kunststudenten Knoblauch.

Aktionskünstler Christoph Schlingensief hält seine Antrittsvorlesung und in den Händen einen rohen Puter. „Ich freue mich sehr darüber, Professor der HBK zu werden. Mein Vater wird von seinem Prostata-Arzt seither sehr zuvorkommend bedient", erklärt er. Und was hat die HBK von ihm? Mit dem Engagement von Schlingensief kommt nicht nur eine Extraportion Glamour in die HBK, auch der Studiengang erfährt eine erhöhte Aufmerksamkeit. Und was bringt er den Studenten bei? Das, worum es geht im Leben. Nämlich „um die Momente, in denen es ruckelt".

Um diese Ruckelmomente geht es überhaupt an der HBK: Um die eigene Sicht auf die Welt. Um die Gewissheit, dass es möglich ist, die Welt durch die Kunst zu gestalten. Oder darum, die Welt durch die Kunst zu begreifen.

„Es geht mir in meiner Kunst um eine neue Wahrnehmung von Schönheit", sagt Ewa Surowiec. Sie sieht aus wie eine Elfe und steht in einem der lichten Ateliers, die die HBK ihren Studenten zur Verfügung stellt. Es läuft groovige Musik, die Wand ist bemalt, es riecht nach Kaffee. Ewa kommt aus Polen, sie studiert freie Kunst und malt großformatige Bilder, wunderbar bunt und ausdrucksstark. Malt Demonstranten und Boxer, übermalt wieder, dekonstruiert, reproduziert, collagiert. Am letzten Bild hat sie zwei Monate gemalt. Sie hat es für 400 Euro verkauft. Um Geld zu verdienen, geht sie putzen. Ihre Entscheidung für die Kunst sei naiv. Und hoffnungsvoll, sagt sie still.

Laut ist es auf der Bühne bei Schlingensief. Er fängt an zu kochen: ein Fenchelbett muss in einen Bräter, darauf Knoblauch, ganze Mengen, der Puter, dazu Mangochutney, Wein und Würze. Und ab in den Ofen!

Franziska Pester ist eine seiner zehn handverlesenen Studentinnen. Sie sitzt mit ihren Kommilitonen auf der Bühne, sorgt für gehacktes Gemüse, Wein und den einen oder anderen Einwurf. Sie hat raspelkurze Haare und ein fein geschnittenes Gesicht. Von Berlin ist sie nach Braunschweig gekommen, sie will Lehrerin werden. Darstellendes Spiel ist in zehn Bundesländern Unterrichtsfach – drittes künstlerisches Fach neben Musik und Kunst an der Oberstufe der Gymnasien.

1 Vernissage „Haben. Über die Dinge und ihre Verwandtschaft" in der Galerie der HBK. Thema der Arbeiten ist das Sammeln von Gegenständen. In der Glasvitrine sind Töpfe und Keramikgeschirr ausgestellt.
2 Ewa Surowiec und Alessandro Grassi (Studiengang Freie Kunst) im Atelier. Das plakative Gruppenbild mit einem Herrn ist eine Arbeit der polnischen Studentin

Als sich die Möglichkeit bot, in den Christoph-Orden einzutreten, hat Franziska nicht gezögert. Am Wiener Burgtheater arbeitete sie an Schlingensiefs Großprojekt „Area 7. Matthäusexpedition" mit. Spannend sei das gewesen, sagt sie, aber grundsätzlich will sie mit Schülern arbeiten. Sie will ihnen vermitteln, selbständig zu denken – und bei ihren Praktika bemerkte sie schnell Fortschritte. „Ich sehe in dem Beruf Sinn", sagt sie. Sie liebt die Schauspielerei, schon ihr Großvater hatte in der DDR mit Bertolt Brecht zusammenarbeiten dürfen. Als Kind ging sie fünf Jahre lang in Moskau zur Schule. Mit dem Gedicht über die Kleinen Weidenkätzchen am Großen Weidenbaum hatte sie in der Aula brilliert.

Im Saal läuft jetzt ein Film über einen toten Hasen – sein Kadaver verrottet im Schnelldurchlauf. Käfer legen Eier in sein Fell, der mürbe Pelz ploppt an mancher Stelle auf, und ein Madenteppich überzieht das Tier. Leben, das sich aus dem Tod gebiert. Würziger Fleischgeruch strömt aus dem Ofen. „Ich möchte euch jungen Menschen sagen, dass da etwas ist, was auf euch wartet, nämlich dieser Tod."

Schlingensief erklärt den Animatographen, sein reisendes Theater-Kunst-Jahrmarkts-Drehgroßmöbel, er schiebt Wirklichkeitsebene zwischen Wirklichkeitsebene und streift bei Wagnermusik den Nationalsozialismus, das Es und erklärt seinen Ästhetikbegriff.

Dieses intellektuelle Kunterbunt passt zum Konzept der HBK: Da verschmelzen und verwachsen die Disziplinen miteinander und treiben am Ende die schönsten Blüten. „Braunschweiger Modell" nennt sich an der HBK die Praxis der Zusammenarbeit von Kunst, Design und Wissenschaft. Und diese Zusammenarbeit hat sich in den letzten Jahren noch entwickelt: Man will „weg von einem starren – und hin zu einem biologischen Bild", wie

Die Welt lässt sich durch Kunst gestalten. Und ist durch Kunst auch zu begreifen

HBK-Präsidentin Barbara Straka sagt. Die HBK soll nicht wie ein Tempel mit den drei Säulen Kunst, Design und Wissenschaft organisiert sein, sondern als lebendiges Gefüge, wie eine Zelle mit Kern, die sich teilt und wächst.

Im Zuge des Braunschweiger Modells durchdringen sich die praktischen und theoretischen Studiengänge gegenseitig. Freie Kunst, Kunstwissenschaft, Industrial Design, Kommunikationsdesign, Medienwissenschaft oder Darstellendes Spiel – die Studiengänge sind interdisziplinär organisiert. Da sitzen die Studenten der freien Kunst in der Vorlesung „Die Ismen in der Kunst der ersten Hälfte des 20. Jahrhunderts“ und die Kunstwissenschaftler stehen im Atelier und malen. Und die Medienwissenschaftler oszillieren sogar zwischen Luhmanns Systemtheorie und „Technischer Informatik I–III“ an der Braunschweiger TU. Werden fit gemacht für die „Implementierung von Datenbanksystemen“ und die Analyse des Films der dreißiger Jahre.

„Klar bleibt manches fragmentarisch“, sagt die 24-jährige Maika Jirouš. Aber sie liebt den Schnittstellencharakter ihres Studiums – und dass sie zwischen den „zwei Kulturen“ surft, kennt sie. Schon ihre Leistungskursfächer am Gymnasium waren Mathematik und Kunst. Wenige Menschen trauen sich die Verknüpfung von geistes- und naturwissenschaftlichem Denken zu. Maika und ihre Kommilitonen sind immer noch Exoten. „An der TU gelten wir als die verrückten Künstler, an der HBK als die trockenen Techniker“, lacht sie.

Bei Schlingensief geht es rasant weiter, immer, wenn man meint, gedanklich auf einen der Streitwagen von Schlingensiefs rhetorischer Tour de Force aufspringen zu können, dreht er wieder bei, zerstückelt den Puter, gibt mit fettglänzenden Händen das Fenchelbett auf Pappteller und verteilt das Essen im Publikum, derweil läuft Musik, und Schlingensief tobt wie ein amerikanischer Evangelist über die Bühne. „Der Mann berauscht sich an sich selbst“, schrieb der *Spiegel* einmal über ihn, „Schlingensief, das ist Eigenblut-Doping.“

Die Studenten hatten sich um ihn als Professor bemüht – er hatte zunächst Bedenken. Er sei kein Theoretiker und könne nicht mit 50 Leuten auf einmal arbeiten. Deswegen machte er zur Bedingung, dass er mit einer kleinen Anzahl von Studenten arbeiten könne. Und zwar ortsunabhängig – in Wien, zum Beispiel. Oder in Berlin.

Dass die Initiative oft von Studenten ausgeht, ist üblich an der HBK. „Wir sind als Studenten keine Gefäße, die mit Wissen gefüllt werden. Sondern können aktiv mitgestalten“, sagt Luise Mahler, die an der HBK Kunstwissenschaft studiert. Sie kommt aus Berlin und ist ausgebildete Fotoredakteurin. Sie hat bei den Fotografenagenturen *Lookat* in der Schweiz und *Magnum* in New York gearbeitet. Jetzt studiert sie in Braunschweig. Warum in die Provinz? „Weil es hier optimale Studienbedingungen gibt. 25 Studenten pro Semester, ein nahes Verhältnis zu den Professoren und die Stadt, die volle Konzentration auf das Studium ermöglicht.“ Manche Professoren bevorzugen die Variante BS-light. Sie pendeln im ICE ins grelle, schnelle Berlin zurück. Oder unterhalten, wie HBK-Präsidentin Barbara Straka, noch eine Wohnung in Potsdam, oder in Hamburg, oder in Köln.

Auch Schlingensief wird nicht in Braunschweig wohnen. „Viel zu teuer, viel zu weit weg“, grinst er. Er spricht, prescht atemlos über seine geistige Landschaft, nimmt die Zuhörer mit auf eine Reise durch seinen Kopf. Joseph Beuys kommt vor und das Ur-Klo, auf dem man sich zur eigenen Scheiße bekennen soll. Luzides wird unterbrochen von Gaga, ganz Tiefes verschränkt sich mit Verstiegenem. Und alles so rasant, dass man kaum Luft holen kann. „Wenn Sie noch alles unter Kontrolle haben, fahren Sie noch nicht schnell genug!“ ruft Schlingensief hinein in dieses tosende Pandämonium aus Leni Riefenstahl mit Hakenkreuz-Schnuller, wilden Thesen und Musik aus Wagners Parsifal.

Vielleicht ist ja gerade Braunschweigs Beschaulichkeit die Folie, vor der sich Gedankengewitter besonders plastisch absetzen können. Vielleicht bietet die Ruhe der kleinen Stadt, die Behutsamkeit der HBK, die beste Voraussetzung für die jungen Künstler, den genuin eigenen Weg zu finden.

1

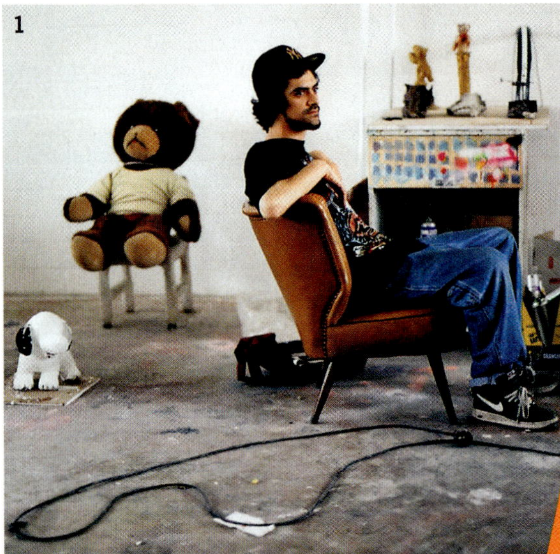

1 Ein Student betrachtet Objekte von Jana Meincke (Freie Kunst) 2 Julia Filipuzzi (Freie Kunst) arbeitet gern großflächig 3 Luise Mahler und Almut Pfannenschmidt (Kunstwissenschaft) auf einer Galerie der Bibliothek 4 Kicker-Pause bei den Kommunikationsdesignern 5 Maika Jirouš (Medienwissenschaften) im Tonstudio 6 Schöpferische Muße

Draußen, auf der Wiese senkt sich still die Dämmerung. Eine langhaarige Studentin steht vor einer Leinwand, sie malt, hochkonzentriert, versunken in ihrer eigenen Welt. Unerreichbar für die Wirklichkeit. Holt aus, trägt in melodiösen Schwüngen Farbe auf die Leinwand. Ein Kunstwerk entsteht, bricht sich Bahn. Sie bewegt sich, wischt die Farbe und tänzelt, leicht wie ein Faun, anmutig und barfuß, über den Abendtau der grünen Wiese. □

Verena Lugert *wurde bei den Studienbedingungen der HBKler sentimental. Bei ihrem überfüllten Germanistikstudium in München wurde vor begehrten Seminaren in der Aula übernachtet.*

2

3

4

Praktiker und Theoretiker können an der HBK zwischen den Kulturen s u r f e n

5

6

In Eintracht zurück

Löwe überm Herz und Aufstieg im Kopf: Die Fans lieben Blau-gelb

Text: Peter Münch

Kapitän Rische steht Kopf. Gerade wurde Lübeck mit 6:2 vom Platz gefegt

Wir waren elf, nicht an der Zahl, sondern an Jahren, als wir Braunschweig fanden. Eines Tages im Jahr 1967 erschien Ronald im gelben Leibchen zum Straßenkick, nannte sich Lothar Ulsaß und versuchte mich, Otto Rehhagel, zu umdribbeln. Gestern noch hatte er wie wir alle für den FCK gespielt. Für wen auch sonst, schließlich lag der Betzenberg nur wenige Kilometer von uns entfernt. Ronalds neues Lieblingsteam hieß Eintracht, war gerade Deutscher Meister geworden und kam aus Braunschweig. Das war aus unserer Sicht eine Million mal weiter als Kaiserslautern, im Atlas irgendwo da oben. Nach langer Suche landeten die Finger von uns Pfälzer Buben auf einem Punkt rechts von Hannover. Fußball bildet. Eintracht sei Dank konnten wir jetzt auch Heinrich den Löwen verorten (früher waren wir im Nebenberuf Ritter gewesen), und einer fand sogar heraus, dass unser Schulbus Marke Büssing aus Braunschweig stammte.

Am 3. Juni 1967 feierte die Eintracht nach einem 4:1 gegen Nürnberg die Deutsche Meisterschaft. Als Kapitän Achim Bäse die „Salatschüssel" in den Himmel über der Hamburger Straße reckte, besangen 37 000 einen Tag der nie vergehen dürfte. Eine andere Hymne hätte viel besser gepasst, doch die war noch lange nicht geschrieben: „Football 's coming home". Der Meistertitel war am Geburtsort des deutschen Fußballs angekommen.

Am Braunschweiger Gymnasium Martino-Katharineum leitete der Lehrer Konrad Koch 1874 das erste Fußballspiel auf dem europäischen Festland. Der Ball stammte, wie der neue Sport, aus England. 1875 verfasste Koch die ersten deutschen Fußballregeln. Darin führte er die Begriffe „Abseits" und „Eckball" ein. Sein „Ungehörig!" fürs Foul hatte keine Zukunft.

Die gehörte dem „Fußball- und Cricketverein Eintracht", gegründet in den letzten Tagen des Jahres 1895, womit man dem späteren Erzrivalen Hannover 96 zeitlich um eine Nasenlänge voraus war. Zunächst wurde auf dem Leonhardplatz gekickt, ärgerlich nur, dass ständig Fußgänger das Spielfeld querten. Ab 1905 spielte die Eintracht auf einem Platz an der Helmstedter Straße. 1908 wohnte dort Herzog Johann Albrecht als erster deutscher Regent einem Spiel bei und machte damit den Fußball hoffähig. Im selben Jahr sicherten sich die Löwen erstmals die Norddeutsche Meisterschaft.

Mit einem Spiel gegen den 1. FC Nürnberg wurde 1923 das Stadion an der Hamburger Straße eingeweiht. Die Gäste erwiesen sich als Spaßbremsen, sie netzten humor- und pausenlos bis zum 10:1 ein. Auch im Liga-Alltag blieben größere Erfolge aus. 1937

nach oben

standen die Blau-Gelben immerhin kurz vor einer Sensation: Im Pokal war das Gelsenkirchener Dreamteam um Szepan und Kuzorra zu Gast. Angetrieben von 24 000 Fans hätte die Eintracht den Schalker Kreisel beinahe ins Trudeln gebracht – doch die Königsblauen verwandelten 30 Sekunden vor Schluss der Verlängerung (!) einen Handelfmeter.

Nach dem Zweiten Weltkrieg stellte sich der bundesdeutsche Fußball in fünf Ligen neu auf. Abgesehen von der Saison 52/53 gehörte die Eintracht der Oberliga Nord an, wo sie sich meist in der oberen Tabellenhälfte tummelte. Den Platz an der Sonne hatte der HSV abonniert. Nur einmal in 16 Jahren wurden die Hamburger nicht Nordmeister: 1954 standen die 96er aus Hannover ganz oben. Ihnen gelang prompt das Kunststück, als krasser Außenseiter auch noch Deutscher Meister zu werden. Mit diesem Titel im Briefkopf machten sie sich Hoffnungen, neben dem HSV und Werder Bremen als dritter norddeutscher Verein in der neu zu gründenden Bundesliga zu spielen. Der DFB honorierte jedoch keine Erfolge von gestern, sondern die Tagesform im Endspurt, und die sprach für die Eintracht. 1963 wurde Braunschweig Bundesligastadt, Hannover 96 musste in die Regionalliga.

Dass dies die ohnehin gespannten Beziehungen der beiden Clubs nicht gerade entlasten würde, lag auf der Hand. In der Landeshauptstadt fühlte man sich hintergangen, die Braunschweiger lachten sich ins Fäustchen. Über die Jahre entwickelte sich eine Animosität, die der zwischen Schalke und Dortmund in nichts nachsteht. 96er werden aus dem Stand zu glühenden Wacker-Burghausen-Fans, wenn die nur gegen die Eintracht antreten. Umgekehrt duldet kein echter Löwe die Zahl 96 in seiner Telefonnummer oder gar im Autokennzeichen. Und sollte er unglücklicherweise im Haus Nummer 96 wohnen, gibt er seine Adresse mit „95 plus 1“ an. Einigkeit herrscht aber bei der Frage nach dem wahren Niedersachsen-Derby. Das kann es nur zwischen 96 und der Eintracht geben. Gegen Wolfsburg, die kleine Insel im großen Braunschweiger Fanland, tritt man zu ganz normalen Spielen an.

In den ersten drei Jahren der Bundesliga riss die Eintracht keine Bäume aus. Das Team von Trainer Helmuth Johannsen hielt sich diskret im Mittelfeld und wurde alljährlich als Abstiegskandidat gehandelt. Umso sensationeller verlief die Saison 66/67: 26 Mal war man Tabellenführer und kassierte nur 27 Gegentore in 34 Spielen! Der Titel war kein Zufall, sondern hoch verdient. Im anschließenden Landesmeister-Wettbewerb scheiterte die Eintracht erst im Viertelfinale, mit 0:1 in einem Entscheidungsmatch gegen Juventus Turin.

Bis 1973 hielt man sich in der höchsten Spielklasse. Im Jahr des ersten Abstiegs wurde der Löwe in die Wüste geschickt. Das hatte Deutschland noch nicht gesehen: Ein Vereinsemblem verschwand von der linken Trikotbrust und machte, mittig und groß, Platz für ein Firmenlogo, den Hirschen der Wolfenbütteler Likördestille Jägermeister. Eine halbe Million Mark ließ sich deren Chef Günter Mast den Wildwechsel erstmal kosten, später floss ein Vielfaches. So war Braunschweig nicht nur Ursprung des Fußballs im Land, von hier kam auch der Steilpass zu dessen Kommerzialisierung. Das Finanzdoping aus Wolfenbüttel ließ das Team sogleich wieder aufsteigen und ermöglichte Einkäufe wie die des Erfolgstrainers Branco Zebec (1974) und des Weltmeisters Paul Breitner (1977). Mehr als Rang drei in der Saison 76/77 sprang dennoch nicht heraus.

In den Achtzigern versuchte Mast nochmal, nun als Vereinspräsident, den Club als „Jägermeister Braunschweig“ in seiner Firmenfarbe Orange ganz nach vorn zu bringen. Der Trikottausch ging ebenso in die blaue Hose wie die Umbenennung des Vereins. Gottlob, denn wäre Braunschweig wieder Vorreiter gewesen, sähe die Bundesligatabelle heute aus wie die österreichische, mit Namen wie Cashpoint SCR Altach oder Red Bull Salzburg. Gegen die geht's für die Eintracht in absehbarer Zeit bestimmt wieder international, in blau-gelb, mit dem Löwen über dem Herzen, wo er hingehört. Der Anfang wurde gemacht: Nach Jahren der Drittklassigkeit feierte Braunschweig 2005 die Rückkehr in die Zweite Liga mit einer Party, wie sie die Stadt seit 1967 nicht mehr erlebt hatte. Mit dem Stadionausbau rüstet man sich für den Sprung nach ganz oben. Und deutschlandweit mehr als 100 Fanclubs, Tendenz steigend – das ist schon jetzt erstligareif.

Ich setze 20 Euro auf den Aufstieg. Vom Gewinn kaufe ich Ronald ein neues Trikot. In blau und gelb. □

Peter Münch, MERIAN-*Redakteur, drückt der Eintracht beide Daumen. Nur nicht gegen Kaiserslautern.*

GLEICH MITBESTELLEN!

Ausführung **„Lederoptik“** mit Goldprägung für 24,90 Euro

Ausführung **„Acryl“** modern und zeitlos für 19,90 Euro

Ausführung **„Leinen“** mit historischem Stadtmotiv für 12,90 Euro

Ihr persönliches MERIAN-Archiv! Archivieren Sie Ihre MERIAN-Sammlung stilvoll und sicher in den exklusiven MERIAN-Sammelschubern. Jeder Schuber bietet Platz für 12 MERIAN-Ausgaben.

Nur für Abonnenten:
der Premium-Bereich von merian.de

- mehr Informationen zu Ihren Reisezielen
- topaktuelle und nicht veröffentlichte Reiseberichte
- Shopping-Tipps und weiterführende Informationen auf einen Blick
- über 5000 Reiseziele weltweit

Unser exklusiver Service GRATIS für MERIAN-Abonnenten

FREUEN SIE SICH AUF...

AUGUST 2006

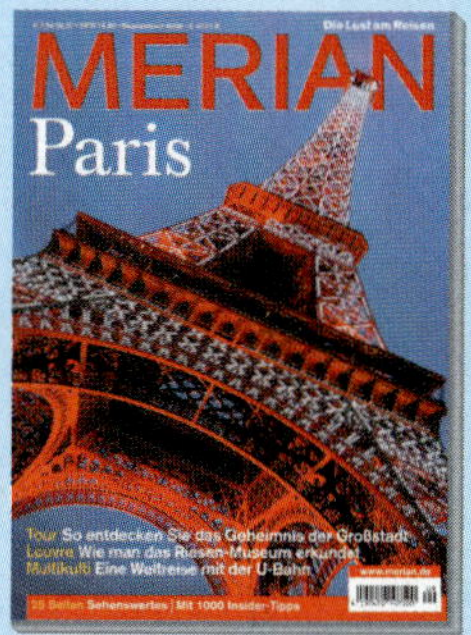

SEPTEMBER 2006

OKTOBER 2006

NOVEMBER 2006

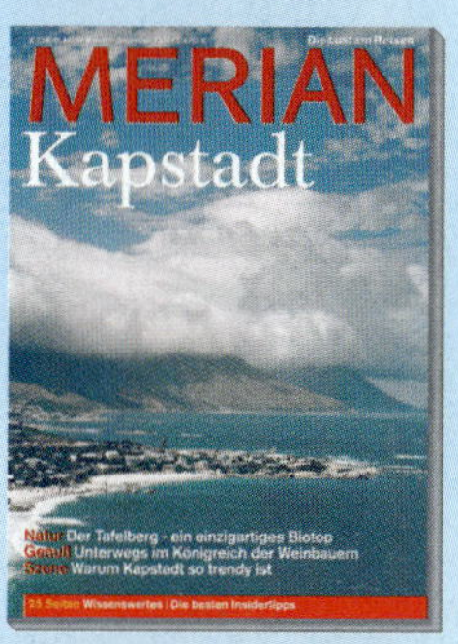

DEZEMBER 2006

JANUAR 2007

Ihre Bibliothek des Reisens
Abonnieren Sie MERIAN jetzt und Sie erhalten mit den kommenden 12 Ausgaben die Welt von MERIAN frei Haus. Monat für Monat vervollständigt jedes Heft Ihre Bibliothek der Länder, Regionen und Städte.

MERIAN
Die Lust am Reisen

Eine Stadt

Europas Nummer eins in der Forschung, Stadt der Wissenschaft 2007 – Braunschweig begnügt sich nicht mit kleinen Trophäen. Und gibt der Luftfahrt immer neuen Schub

Text: Peter Mayer, Fotos: Markus Klingenhäger/Daniel Müller

hebt ab

Augenbewegungen und Gehirnströme des Testpiloten werden im Cockpit-Simulator gemessen. Das Institut für Flugführung entwickelt so genannte Assistenzsysteme. Sie sollen das Fliegen leichter machen – und vor allem sicherer

Im aeroakustischen Windkanal erproben Forscher ein Modell für das Flugzeug von morgen. Damit es bei der Landung leiser ist, sitzen seine Triebwerke auf den Flügeln

Mit den Düsen huckepack

Wind als Helfer der Wissenschaft

Im Niedriggeschwindigkeits-Windkanal am Braunschweiger Forschungsflughafen werden an Modellen die Flugeigenschaften der Großen ermittelt

Ruhe nach dem Orkan: 4,50 Meter misst der Fan, der die Luft durch den Tunnel peitscht

Wie ein Hurrikan auf dem Satellitenbild sieht die Wirbelschleppe des Flugzeugs aus. Forscher haben die Turbulenzen eingefärbt, die nachfolgenden Maschinen gefährlich werden können

Gestartet wird er wie ein Papierflieger: aus der Hand. Zur Landung rutscht er auf dem Bauch über die Wiese. Zur Not auch über Asphalt. Dann ist eben ein bisschen der Lack ab. „Carolo" heißt die elektronische Fledermaus, ein autonom fliegendes Vehikel, das in der Luft den Menschen als Handlanger nicht braucht. Carolo ist ein Multitalent. Er kann Daten über Lawinengefahr im Gebirge sammeln, Staus auf der Autobahn überwachen, Waldbrände aufspüren oder Ölspuren von Schiffen auf dem Meer. Im Winter 2006/07, wenn in der Antarktis der Sommer anfängt, soll der Himmelszwerg, gespickt mit Sensoren, von der Antarktisstation Halley V auf dem Brunt-Schelfeis im Weddellmeer meteorologische Daten sammeln.

Im vergangenen Jahr überquerte er den fast 5900 Meter hohen Vulkan Cotopaxi und den Feuerberg El Reventador in Ekuador und fotografierte rotglühende Lava. Eine 300 Gramm schwere Kamera hatte Carolo beim Tanz über dem Vulkan an Bord, nur fünf Kilogramm wiegt er insgesamt. Ein Elektromotor treibt ihn an und bringt ihn auf 120 Stundenkilometer. Mit einem 85 Gramm leichten Autopiloten zeigt er sich selber den Weg, auf dem er bis zu 45 Kilometer zurücklegen kann. Der kleine Bordrechner leistet 200 Millionen Recheneinheiten pro Sekunde.

Carolo – die Technische Universität Carolo-Wilhelmina war Taufpate – ist ein Kind dieses Jahrhunderts. Erst im Jahr 2001 haben Konstrukteure des Instituts für Luft- und Raumfahrtsysteme der TU Braunschweig die Arbeit an ihm begonnen und mit dem Luftikus eine technische Sensation geschaffen. Er wird heute bereits in mehreren Ausführungen getestet, mit Flü-

Geballte Ladung

In kaum einer Region Europas arbeiten so viele Forschungsinstitute wie in Braunschweig. Hier eine Auswahl aus den Highlights

Härtefälle

Wie werden etwa Zahnräder unverwüstlich? Das Zauberwort der Forscher vom **Institut für Schicht- und Oberflächentechnik** heißt Plasmadiffusion. An einer Kopie des Braunschweiger Löwen ist die Technik ins Licht gesetzt.

Fraunhofer-Institut für Schicht- und Oberflächentechnik www.ist.fraunhofer.de

Schulterschluss

Mathematiker und Mediziner des **Helmholtz-Zentrums** für Infektionsforschung versuchen, Krankheiten „auszurechnen". Was etwa zur Spracherkennung per Handy geführt hat, ist jetzt Vorbild zur Erforschung des Erbgutes.

Helmholtz-Zentrum für Infektionsforschung; www.helmholtz-hzi.de

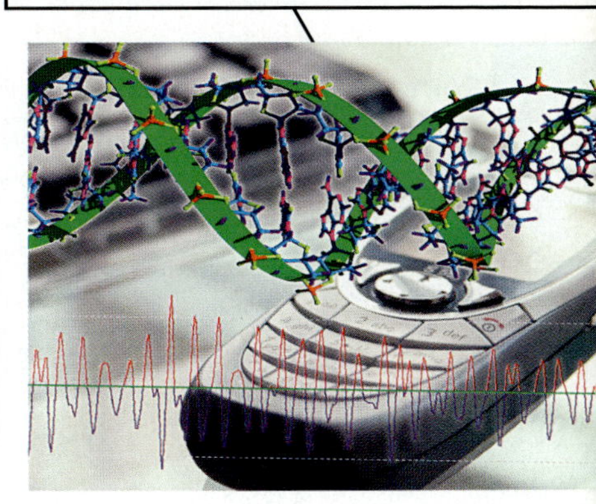

Hohe Kunst der Simulation

gelspannweiten von 49 Zentimeter bis 3,30 Meter. Am Laptop, quasi der Kontrollstation, errechnen die Ingenieure seine Flugdaten, dann hebt Carolo ab und findet zielsicher seinen Kurs.

Schon jetzt gibt es, was neudeutsch eine „Ausgründung“ genannt wird. Die kleine Firma im selben Haus am Airport heißt Mavionics (MAV steht für Micro Aerial Vehicles). Sie bietet die Wundervögel auf dem Markt an. So lässt zum Beispiel die Forstverwaltung in Thüringen einen Wald abfliegen und fotografieren. Nach 20 Flugminuten hat Carolo anhand der Nadelverfärbung ein Schadenkataster für Baum und Borke erstellt, für das Waldhüter Wochen unterwegs wären.

Solche Zusammenarbeit und Vernetzung von Forschung sind typisch in Braunschweig. Aus dem kleinen Flughafen, auf dem nicht allzu oft Propeller schnurren oder Düsen pfeifen, sondern eher der Lärm von der Autobahn nach Berlin herüberdröhnt, ist ohne Tamtam ein Zentrum der europäischen Luftfahrtforschung geworden. Er hat ganz wesentlich dazu beigetragen, dass die Welfenstadt gegen starke Konkurrenz gewonnen hat und sich 2007 „Stadt der Wissenschaft“ nennen darf.

Den Braunschweigern ist dazu ein auf der Welt wohl einmaliger Name eingefallen: „Forschungsflughafen“. Unter dem Logo eines Globus, um dessen Nordpol sich ein Jet schmiegt und um dessen Äquator wie eine Fieberkurve die Skyline der Stadt läuft, gehört nun offiziell zusammen, was schon lange zusammengewachsen ist: 1. Das Luftfahrt-Bundesamt (LBA). Es macht immer dann Schlagzeilen, wenn eine Bruchlandungs-Airline aus dem Verkehr gezogen werden muss. 2. Die Bundesstelle für Flugunfalluntersuchung. Sie ist bei jedem Fliegerunfall zur Stelle und ermittelt. 3. Viele Firmen zieht es verstärkt an den Zaun des Rollfeldes. 4. Institute der TU sind schon lange hier zu Hause, ebenso wie 5. das Deutsche Zentrum für Luft- und Raumfahrt (DLR). Mehr als 800 Mitarbeiter bevölkern die unscheinbaren Gebäude auf einem Campus, den Kiefern beschatten. Es ist still, nur die Vögel zwitschern in der Oase der Hochtechnologie.

Phantasievoll, beharrlich und oft spektakulär wird hier zu Werke gegangen. Da gibt es ein der Airbus A 320 nachgebautes Cockpit. In einem solchen Simulator kriegen normalerweise selbst ausgebuffte Piloten Schweißausbrüche, wenn sie vorgeschriebene Härtetests absolvieren. Hier aber muss man sich nicht einmal anschnallen – und Flugzeugführer stellen sich freiwillig für Experimente zur Verfügung.

Zum Beispiel: Flughafen Zürich, drei Uhr nachts. Nebel gefällig? Lieber klare Sicht. Kein Problem. Aus dem Cockpitfenster erscheinen der Realität zum Verwechseln ähnlich Abfertigungshallen, Andockfinger, andere Flugzeuge, ein Tankwagen, Leitfeuer – und am Horizont die Alpen.

Worum es hier geht? Ganz einfach: die Flughafengelände trotz wachsenden Verkehrs sicherer zu machen und

Verwechslungsgefahr

Sie sind gefährdet, weil wir sie nicht mögen. Die **Biologische Bundesanstalt** kümmert sich um Arten wie die harmlose Hain-Schwebfliege, die sich im Pflanzenschutz als Läusefresser nützlich macht, aber aussieht wie eine gefürchtete Wespe.

Biologische Bundesanstalt für Land- und Forstwirtschaft www.bba.bund.de

Wasserspiele

Alles fließt in der 140 Meter langen Halle des **Leichtweiß-Instituts für Wasserbau.** Da werden künstliche Ströme erforscht, Talsperren, Schleusen und Hafenbecken errichtet, wird Hochwassergefahr gebannt und die Renaturierung von Flüssen geprobt.

Leichtweiß-Institut der TU www.lwi.tu-bs.de

Sisyphusprojekt

Die Wissenschaftler vom **Institut für Biochemie und Biotechnologie** sind Teilhaber einer „Fabrik“, die einmal bis zu 100 000 verschiedene Antikörper herstellen soll – mit denen dann jedes der menschlichen Eiweiße einzeln aufgespürt werden kann. Im gläsernen Fermenter gedeihen Mikroorganismen.

Institut für Biochemie und Biotechnologie der TU; www.tu-braunschweig.de/bbt

den Piloten die souveräne Orientierung zu erleichtern. Da soll sich nie wieder einer „verrollen“, wie das im Oktober 2001 in Mailand-Linate geschah: Der Pilot einer Cessna hatte bei starkem Nebel die Übersicht verloren, war auf einer falschen Strecke zur Startbahn eingebogen und in eine SAS geknallt. 118 Menschen starben.

Nicht zu glauben, dass ein Copilot vor dem Anfahren das Schiebefensterchen des Cockpits öffnet, den Kopf hinausstreckt, schaut und den Freie-Fahrt-Daumen hebt. Nicht zu glauben, dass der Sprechfunk zwischen Tower und Kanzel vernuschelt oder eine abgewetzte Flughafenkarte falsch gelesen wird.

In dieser Forschungsabteilung des DLR werden neu entwickelte Displays für den schnellen und einfachen Überblick getestet. Rote Rollbahn heißt: wegbleiben. Wird sie grün, ist sie frei. Braune Maschinen bedeutet: Die Triebwerke sind eingeschaltet. Der Pilot, der bei Nacht auf ein Lichtergewirr vor seinem Fenster schaut, das Glühwürmchen-Spielen gleicht, erfährt beim Blick aufs Display jederzeit exakt, wo seine Maschine steht und wo die anderen, wo er rollt und wer sich in seiner Nähe bewegt. Die Cessna von Linate hätte wohl nie eine rote – also gefährliche – Spur übersehen.

All das wird mit Piloten erarbeitet, wird auf deren Erfahrung abgestimmt, wird menschengerecht gemacht, um menschliches Versagen zu verhindern.

Der Verkehr auf Flughäfen ist nicht ausreichend überwacht, obwohl er vehement zunimmt. Die Lufträume sind noch immer groß genug, das Problem sind die Airports. Deshalb hat ein weiteres Forscherteam des DLR einen Towersimulator ausgetüftelt, um die Arbeit der Fluglotsen zu verbessern. Die kontrollieren, korrigieren und weisen ein – bis zu 80

räzisionsarbeit

n zehn Millionen Jahren geht sie maximal eine Sekunde falsch, die Atomuhr er **Physikalisch-Technischen Bundesnstalt.** Sie „tickt“ auch für das Satellitennavigationssystem Galileo, die Konkurrenz zum amerikanischen GPS.

hysikalisch-Technische Bundesanstalt
ww.ptb.de

Gewichtheben

Das Ur-Kilogramm in Paris verliert an Masse, 50 Millionstelgramm in den vergangenen 100 Jahren. Ein Double – ebenfalls eine Legierung aus Platin und Iridium – steht bei der **Physikalisch-Technischen Bundesanstalt.** Dort arbeiten Wissenschaftler auch an der Neudefinition der Maßeinheit – und haben Mitstreiter in aller Welt.

Wenn ein Flugzeug Pilot wird

Früher Linienflieger, heute Testmaschine: Attas fliegt auch ohne Piloten

Maschinen in der Stunde, was etwa in Frankfurt am Main das kritische Maximum bedeutet. Ihre Kommandos gehen an Pseudopiloten, die Wand an Wand sitzen. Es sind DLR-Mitarbeiter mit Sprechfunkausbildung, die wie im wirklichen Flugbetrieb ihre Fehler machen, Anweisungen missverstehen oder sich testweise absichtlich mal querlegen. Dabei ist die Simulation so vielseitig, dass auch die Airbus A 320 aus dem Haus nebenan sich einklinken kann oder gar ein echter Flieger am Himmel über Braunschweig.

Die Wissenschaftler des DLR sind Meister der Simulation. Ein weiteres Forschungsvorhaben trägt den Namen „Wirbelschleppe“. Solche Turbulenzen entstehen hinter Flugzeugen durch den an den Tragflächen erzeugten Auftrieb. Für nachfolgende Maschinen können sie gefährlich werden. Also sind beim Landeanflug Mindestabstände erforderlich. Dabei gilt: Je größer das Flugzeug, desto größer die Schleppe und die Sicherheitsdistanz. Das wiederum könnte für den neuen Riesen A 380 zum Problem werden. Wenn er irgendwo runterkommt, kann nach ihm so schnell keine andere Maschine landen. Klartext: ausgedünnter Verkehr für den Airport, geringere Gebühreneinnahmen, die sich der Flughafenbetreiber dann bei der Verursacherin A 380 holen wird – und die verliert ein Stück Wirtschaftlichkeit.

Also sind die DLR-Spezialisten am Zug. Wer kann wann wie ohne Sicherheitseinbußen hintereinander einen Flughafen anfliegen? Hinter dieser simplen Frage stecken massenweise Berechnungen, Messungen und Tests, clever ausgedachte, verworfene, korrigierte – und am Ende soll eine Empfehlung stehen, die jeder noch so widrigen Wirklichkeit standhält.

Der Luftverkehr wird weiter zunehmen, Jahr für Jahr. Und damit auch der Fluglärm trotz neuer „Flüstertriebwerke“. Wenn bei der Landung die Luft Fahrwerk und Landeklappen umströmt, ist es noch immer ziemlich laut – und soll erheblich leiser werden. Daran arbeiten DLR-Spezialisten des Instituts für Aerodynamik und Strömungstechnik in ihrem aeroakustischen Windkanal, einer sieben mal sieben Meter großen, viereinhalb Meter hohen Messkammer mit schallschluckenden Keilen an der Wand. Die Stimme wird gedämpft, als spräche man hinter einem Samtvorhang im Theater.

Knopfdruck, Brille ab, es brist auf, Stärke 10 etwa. Die zur Lärmdemonstration in den Strom senkrecht gehaltene Hand bewirkt fast nichts. Liegt sie flach und mit gespreizten Fingern im Wind, steigt der Strömungsgeräuschpegel deutlich an. Ihn bei Flugzeugen zu senken, ist die Aufgabe. Auf dem Prüfstand steht LNA (Low Noise Aircraft). Ein Modell, das der nächsten Jet-Generation die Form geben könnte: die Triebwerke sind auf die Flügel montiert – und gemessen wird, wie viel Schall dadurch zum Boden hin abgeschattet wird.

Wie aber erzeugen die Forscher Düsenlärm in einem Kunststoffrohr als Triebwerksmodell? Sie leiten einen Laser hinein, der die Luft darin ultraheiß werden und quasi explodieren lässt. Diesen Knall misst ein Mikrofon direkt neben der Quelle, eine ganze Mikrofon-Batterie misst an der Unterseite des Flugvehikels, was dort noch ankommt.

Auf bewegte Modelle sind die Kollegen von nebenan geeicht, die den Niedriggeschwindigkeits-Windkanal Braunschweig (NWB) betreiben, der zur Stiftung Deutsch-Niederländische Windkanäle (DNW) gehört. Sie finden nicht nur heraus, wann und wie Flugzeuge „rollen" oder „trudeln", sondern experimentieren bis zur aerodynamischen Perfektion. Der NWB muss kostendeckend arbeiten und mindestens an 170 Tagen im Jahr in Betrieb sein. So bekommt hier auch schon mal ein Formel-1-Renner sein Windschlüpfrigkeits-Zertifikat. Die Marke? „Darf ich nicht verraten", sagt Chef Andreas Bergmann.

Ein veritables, großes Flugzeug dient in Braunschweig als Simulator: Attas (Advanced Technology and Testing Aircraft System), eine Maschine mit langem Nasenmast, vollgepackt mit Messgeräten, wo einst 40 Passagiere Linie flogen. Schon 1978 gebaut, soll sie 2008 durch eine umgerüstete A 320 ersetzt werden. So lange wird Attas noch spektakuläre Manöver fliegen. Sie kann, entsprechend ausstaffiert, sich testweise wie andere Maschinen benehmen, sogar den Raumgleiter Hermes konnte sie imitieren. Mit dem wollten die Europäer einmal vergeblich ins All.

Eine Glanzleistung bescherte Attas am 3. Juni 2004 dem Team des DLR-Instituts für Flugsystemtechnik von Professor Stefan Levedag. Als wäre sie unbemannt, flog die Zweistrahlige, nur vom Boden aus gesteuert, quer durch Deutschland, von Braunschweig bis Manching bei München. Zwar war eine

Dirigenten des Fliegerensembles

Im Towersimulator müssen Lotsen auf jede Überraschung des virtuellen Flughafens gefasst sein

Sicherheitscrew an Bord, aber die griff nur beim Start und auf den letzten Metern vor der Landung ein.

Mit einer ganz anderen Neuheit verblüffte Professor Levedags Institut auf der Internationalen Luftfahrtausstellung: dem flüsternden Hubschrauber. Das nervende Knattern von Helikoptern entsteht dadurch, dass das eine Rotorblatt auf die Verwirbelungen des anderen trifft. Die Braunschweiger haben nun hingekriegt, dass sich die Flügel bei jeder Umdrehung kurzzeitig verstellen und so aus dem Wind gehen.

Geholfen haben dabei so genannte Piezofolien. Sie wiederum sind auch die Lieblinge von Hans-Peter Monner und seiner Mannschaft. Sie betreiben – sprödes Wort für eine Wissenschaft mit großer Zukunft – Adaptronik, bekämpfen ungeliebte Schwingungen und lästigen Lärm, die auftauchen, wenn sich Material verformt: wenn ein Triebwerk einen ganzen Flugzeugrumpf vibrieren lässt, ein Autodach im Duett mit dem Motor brummt oder ein hochsensibles Sternenfernrohr sich bei starken Temperaturschwankungen zwischen Tag und Nacht verzieht. Der Traum der Adaptroniker: dass sie Gegenstände stabil machen – wie ein randvoller Teller Suppe, der aus der Küche ins Esszimmer balanciert wird.

Sensoren sollen Schwingungen erkennen, Rechner analysieren die Störungen und aktivieren Aktuatoren, die Gegenmaßnahmen ergreifen. Das alles geschieht mit jenen unscheinbar bräunlichen Piezofolien. Sie setzen mechanische Beanspruchung in elektrische Signale um. Wird umgekehrt ein elektrisches Feld an sie gelegt, schaffen sie es, dass sich ein Werkstoff, auf den sie aufgeklebt sind, dehnt oder zusammenzieht. Für einen adaptronischen Zaubertrick haben die Forscher einen Gong präpariert. Er erklingt wohltönend wie im buddhistischen Tempel, wenn man ihn mit einem Schlegel traktiert – und verstummt, wenn ein elektrisches Feld die aufgeklebten Folien zur Gegenschwingung stimuliert.

Monners Team reitet noch andere Steckenpferde in die Zukunft: Nanotubes, Röhrchen aus Kohlenstoff, einige 10 000-mal dünner als ein Menschenhaar und wegen der herkulesstarken Bindungskräfte zwischen den Kohlenstoffatomen unvorstellbar stabil, hitzebeständig und leitfähig. Die Forscher haben sich bereits eine weite Palette von Anwendungen ausgedacht. Es muss ja nicht gleich utopisch sein wie bei einigen Träumern der US-Weltraumbehörde Nasa. Die wollten ein Nanotube-Seil ins All spannen, an dem Fahrstühle entlangschweben.

Da bleiben DLR-Forscher lieber auf der Erde. In Braunschweig. □

Die Fotografen **Markus Klingenhäger** *und* **Daniel Müller** *haben sich mit der Wissenschaft eine neue Motivwelt erschlossen – schwierig und aufregend.*

Der Elm, Norddeutschlands größter Buchenwald, ist an vielen Stellen wie unberührt. An seinem Rand liegt Königslutter, die kleine Stadt mit dem großen Kaiserdom. Lothar III. ließ ihn 1135 als seine Grablege bauen

Das reiche Erbe der Ritter und Gelehrten

Im Elm-Lappwald und seinen Dörfern können Besucher auf Zeitreise gehen und staunen: Eine 1000-jährige Geschichte ist hier lebendig geblieben

Text: Roland Benn, Fotos: Markus Klingenhäger

Ein Naturpark, der noch entdeckt werden will

Traum der jungsteinzeitlichen Siedler: Im Elm fanden sie fruchtbare Erde und gesundes Quellwasser, Holz für den Hausbau und Steine für die Gräber der Toten. Bauernland ist das Gebiet bis heute geblieben

Fürstenporträts im Rittersaal der Kommende Lucklum weisen auf die enge Verbindung zu den Braunschweiger Herzögen hin

Stallungsgebäude des ehemaligen Klosters Mariental. Die dazugehörigen Ländereien reichten bis nach Magdeburg

Gesellschaft für Wanderer auf der grünen Wiese im Reitlingstal. Von hier ist es nicht weit zur Quelle der Wabe

Der Stil der Klosterkirche in Riddagshausen, aus Bruchstein erbaut und 1275 geweiht, folgt der Strenge der Zisterzienser

Mit Holzspeeren erlegten unsere Vorfahren hier vor 400 000 Jahren Wildpferde

Kurz vor Helmstedt liegt in einer Mulde Kloster Mariental, die Torbögen für gewaltige Heufuder gemacht, Scheunen vom Ausmaß einer Königshalle und im Hintergrund die romanische Kirche. Der Horizont hingegen ist gezeichnet von Überlandleitungen, Windenergieanlagen und einem Braunkohlekraftwerk. Lange Namen für kurzlebige Dinge.

Das Kloster wird noch stehen, denke ich, wenn jene Stahlgerippe längst verschwunden sind, und noch immer werden dann dem, der an einem heißen Sommertag über das Feld hinweg horcht, die Stimmen der Menschen erscheinen, die hier beteten und arbeiteten. Selten ist in Deutschland so intensiv zu erleben, wie das Alter eines Landes an der Gegenwart nagt wie im Braunschweiger Land zwischen Königslutter, Helmstedt und Schöningen. Selten so deutlich, wie der Geist einer alten Zeit Bestand hat und weiter wirkt.

Nehmen wir Warberg: ein kleines Dorf am östlichen Elm, geschmückt mit einer Burg. Aber mit was für einer. Es kann kein kleiner Ritter gewesen sein, der hier residierte. Und tatsächlich: Bis 1570 waren die Warberger Herren reichsunmittelbar, unterstanden nur dem Kaiser, besaßen 71 Dörfer und beherrschten als Lehnsherren etliche Güter. Ich versuche von einer Anhöhe aus, die Orte zu zählen: Die Warberger Macht muss weit über alle Horizonte gereicht haben.

Oder eines jener Dörfer gleich nebenan: Räbke. Oben vor der Straße wechseln die Jahrtausende. Dort markiert ein Kreis aus alten Kastanien einen Grabhügel, einer von vielen in der Gegend, Heiligtum und Grenzmal, denn vermutlich hatte vor 4000 Jahren jedes Dorf so einen Tumulus, in Sichtweite zum nächsten.

Schon damals kamen Wasser, Wild und Holz aus dem Elm, hinter dem die Sonne versinkt, schon damals war der wilde Wald dort oben segensreich. Auch für dieses verschlafene Örtchen am Flüsschen Schunter. Der Bach

Mönche machten im 12. Jahrhundert das sumpfige Gelände um Riddagshausen urbar. Sie legten Fischteiche an, die als Öko-Paradies heute geschützt sind

trieb einst Mühlen an, die kein Mehl, sondern Papier mahlten. Vier Stück arbeiteten zuweilen gleichzeitig, der Ausstoß an feinstem Bütten war enorm und bescherte Räbke großen Wohlstand. Im 17. und 18. Jahrhundert war Räbke *the place* in der norddeutschen Papierproduktion. Aber wie konnte das sein, da doch kaum einer im Dorf lesen oder schreiben konnte?

Die Antwort sehe ich am nördlichen Horizont: Der Julius-Universität in Helmstedt war nach ihrer Gründung 1576 schnell das Papier knapp geworden, denn sie war eine Bestseller-Uni: Nirgendwo in Norddeutschland wurde in derartigen Mengen publiziert. Der Buchdrucker Hermann Brandes gründete gleich mehrere Papiermühlen, unter anderem in Räbke. Räbker Papier war so wertvoll wie holländisches, und das war Weltspitze.

Der Ruf ist längst verhallt, aber einige Mühlen stehen noch, und die Helmstedter Universität gibt es auch schon seit fast 200 Jahren nicht mehr. Jérôme Bonaparte – Bruder Napoleon hatte ihn für ein paar Jahre zum König von Westfalen gemacht – ließ die Alma Mater schließen und steckte alles Geld ins konkurrierende Göttingen. Das Aus für eine außerordentliche Lehranstalt mit 234-jähriger Geschichte. So versank der Name Helmstedts und wurde den Deutschen erst wieder als Grenzübergang geläufig.

Helmstedt/Marienborn war der meistfrequentierte Kontrollpunkt zur DDR, und die Erinnerung an Mauer und Stacheldraht wird wach im Zonengrenzmuseum, das eine Ausstellung und mehrere Orte im Freien umfasst. So richtig das ist, so sehr drängt sich mir doch die Frage auf, was wohl in weiteren 200 Jahren sein wird: Wird dann nicht die DDR wie eine skurrile Randnotiz der Geschichte erscheinen, während der Juleumsturm weiterhin das prächtige Renaissancegebäude der Universität und damit die Stadt überragt? Und gar das Ludgerikloster mitten in der Stadt, das schon seit 1200 Jahren Gott gefällt: Was sind da 40?

Es ist keine leichte Aufgabe, im Braunschweiger Land die Jahrhunderte und Epochen zu ordnen. Und es ist kaum möglich, sich einen Moment in der Gegenwart auszuruhen, ohne dass die Vergangenheit anklopft. In Schöningen, zwischen südlichem Elm

Universität, Dom, Klöster und Rittergüter prägten dieses Kulturland

Die Academia Julia in Helmstedt, 1576 gegründet, war einst die drittgrößte deutsche Hochschule. Der Renaissancebau ist einer der schönsten Norddeutschlands

und dem großen Braunkohlerevier, klopft sie nicht, sie tritt mächtig gegen die Tür. Nicht nur, dass dies die älteste Stadt der Region ist – Pippin der Kurze erwähnt sie lobend 748 –, in ihren Böden finden sich Zeugen fernster Tage des Menschen.

Kann ich mir vorstellen, wie es hier vor 400 Jahren zuging? Wir kennen die Daten, aber wie klang das Niederdeutsch, das die Menschen hier sprachen, wie roch es auf den Straßen, wie fühlte man sich als Leibeigener? Und vor 4000 Jahren? Als die ersten Gerüchte über ein phantastisch hartes Metall auftauchten, die Bronze, als Geister und Dämonen in Pflanzen und Tieren hausten, als die Welt das Dorf war und das nächste Dorf ihr Ende? Und noch einmal dieselbe Zeit zurück? Nicht einmal, sondern hundertmal?

Vor 400 000 Jahren erlegten Menschen mit Speeren eine Reihe von Wildpferden, in einer Zeit, in der die Berge schon standen, wo sie heute stehen, aber die Flüsse und Seen waren andere und auch die Pflanzen und Tiere. Sieben Speere, etwa zwei Meter lang, aus jungen Fichtenstämmen geschnitzt und sorgsam geglättet: dies sind die ältesten erhaltenen Jagdwaffen der Menschheit, gefunden bei archäologischen Ausgrabungen, die den Braunkohleabbau begleiteten, und in einem eigenen Museum ausgestellt (s. S. 125). Homo erectus hat sie gefertigt. Die Waffen beweisen, dass dieser frühe Mensch Fähigkeiten hatte, die den unseren nahekamen. Er jagte Großwild, er verständigte sich mit seinesgleichen, und dies lange bevor sein Nachfahr, der Neandertaler, erschien. Nirgends sonst auf der Welt sind derart vielsagende Überreste aus jener tiefsten Vergangenheit erhalten.

Dass die Schöninger Speere überdauerten, ist einer seltenen Konstellation zu verdanken, Holz vergeht schnell, aber es hält sich sehr lange unter Luftabschluss im sauren Moorboden. Eben solchen haben die Braunkohlelager gebildet und sich so als archäologisches Dorado erwiesen. Reste aus allen Zeiten der Menschengeschichte treten hier zu Tage, darunter Meilensteine wie das früheste Dorf, das wir in Mitteleuropa kennen. Vor 7200 Jahren, in der Jungsteinzeit, hatten die ersten Bauern hier gesiedelt. Zentraleuropa war ein einziger Urwald, Stamm für Stamm mussten sie schlagen, den Boden entwurzeln und umgraben, bis sie die ersten Körner aus ihren Lederbeuteln in die Erde senken konnten und eine winzige bewohnte Insel in einem Ozean aus Baumkronen geschaffen hatten.

Was das bedeutet haben mag, wird mir klarer, als ich im Elm wandere. Gewiss ist dies kein Urwald, aber in großen Bereichen so schonend bewirtschaftet, dass ich immer wieder den Eindruck der Unberührtheit habe. Sonnenschein wärmt junge Blätter, allerlei Vögel lärmen unbekümmert, und huschte da nicht eben ein Wildschwein durchs Unterholz?

Um diesen Hügelwald zu durchqueren, braucht es nur einen Tag, an dessen Abend der Wanderer im Norden Königslutter erreicht und also den Kaiserdom. Dieses Städtchen entwickelte sich aus einem Gut, nachdem Kaiser Lothar III. beschlossen hatte, hier einmal seine letzte Ruhe zu finden. Seine Grabeskirche stiftete er 1135, und schon zwei Jahre später kamen seine Gebeine hierher.

Wer seine Augen nach oben richtet, sieht neben den gerade restaurierten kräftigen Farben der Bögen und Säulen auch die erstaunlichen Details, eine Welt voller fremd gewordener Symbolik. Da stürzen steinerne Vögel im Relief hinab, ein Kapitell zeigt Menschen, die die Zöpfe eines dritten tragen. Fratzen, aufgerissene Mäuler, Schreckensgestalten. Ist das alles christliches Gut und Böse, oder mischt sich hier auch Urtümlicheres, Heidnisches hinein?

Wie wenig wir die Bilder aus der Zeit Lothars verstehen, wird mir klar, als ich den Fries betrachte, der die Chorapsis außen schmückt. Jagdszenen gibt es dort, was haben sie an einer Kirche zu suchen? Hund beißt Schwein, Mensch bläst Halali. Und seltsam: hier ein Mann, der einen erlegten Hasen über der Schulter trägt, dort, noch seltsamer, zwei Hasen, die einen liegenden Mann fesseln. Die Hasen, sagt eine etwas hergeholt klingende Interpretation, seien die Chri-

Das Land, das im Schatten der Zonengrenze lag, hat seine Ruhe bewahrt

stenheit, die über Dämonen gesiegt hätten. Aber soll der Besiegte der Teufel sein? Warum sieht er dann aus wie die Bravheit selbst, während die Hasen hasserfüllt ihre Reißzähne (!) blecken? Und wer ist der Mann, der einen toten Hasen fortträgt? Angeblich soll dies der Steinmetz Nikolaus sein, der sich hier wortspielerisch als *nikolagos* (Hasenbesieger) dargestellt hat. Er war wie die gesamte Steinmetzmannschaft aus Italien angereist.

Weniger verklausuliert erscheinen die Kirchen, die meist im Schatten der großen Dome stehen: die romanischen Dorfkirchen etwa in Ampleben oder in Kneitlingen. In Evessen steht in schlichter Wehrhaftigkeit ein Gotteshaus seit Mitte des 11. Jahrhunderts. Wer es von innen sehen will, muss es zu Gottesdienstzeiten besuchen. Aber auch wer die Tür verschlossen findet, erlebt seine Zeitreise: Vor der Kirche steht eine Linde, die 400 Jahre alt ist, aber der Baum hundert Meter weiter ist doppelt so alt, eine Gerichtslinde, die auf einem steilen Hügel steht: der besterhaltene Tumulus der Region, vor 4000 Jahren angelegt. Und als ich die Häuser des Dorfes und die Jahreszahlen auf ihren Fachwerken betrachte, wird mir klar, dass, als diese Häuser erbaut wurden, die Kirche schon seit Jahrhunderten stand.

Diese alten Orte liegen wie aufgereiht an der Südseite des Elm, in den Tälern, die aus dem Höhenzug mit Wasser versorgt werden. An einem sehr frühen Sommermorgen gehe ich in eines dieser Täler, das Reitlingstal, zur Quelle der Wabe. Der Weg endet in einem verwunschenen Sumpfgebiet, aus dem sich das Wasser der Wabe sammelt, eine Vielzahl kleiner Waldquellen speist den feuchten Grund, es gluckst und gluckert ursuppenartig, und die Frösche sind hier schon in der Früh hyperaktiv.

Auf dem Rückweg durch das einzige erschlossene Tal des Elm folge ich der Wabe nach Lucklum, wo sie unter einer Mauer verschwindet. Dies ist die Einfriedung der Deutschordenskommende. Um 1260 hatte der von Kreuzrittern im Heiligen Land gegründete Orden hier eine Niederlassung eingerichtet. Alle Bewohner gehörten dem Ritterorden an; die übrigen Bauern wurden höflich zum Auswandern in die Nachbarorte gebeten. Die riesige Anlage wird noch heute als Hof bewirtschaftet. Im Innern finde ich die Wabe wieder, wie sie sich zu einer Viehtränke erweitert, am Ende des Hofes unter einem Stallgebäude verschwindet und in Richtung Riddagshausen fließt.

Als ich ihr folge und zurückschaue, sehe ich, wie sich um die Kommende das Dorf Lucklum entwickelt hat, die geistigen Zentren der Zeit waren Wachstumskerne, die Brot und Sicherheit boten, und sie entwickelten sich entlang der Quellen des Elm. Sehr zur Freude der Zisterzienser, die in Riddagshausen ihrer großen Passion, der Fischzucht, nachgingen. Das Kloster, um das sich bald eine größere Ortschaft scharte, hatten die Mönche 1145 gegründet, und bis zur Auflösung 1568 hatte ihre ungewöhnlich rege Tätigkeit die Region verändert: Elf Teiche, künstlich angelegt, bilden eine Kette, sie gehen in alte Eichenwälder über, hinter denen der Spelz der Getreideernte durch den Sommer weht. Und weiter dahinter der Elm. Ich denke an dessen Morgenkühle, die mir wie die Auflösung einer wundervollen Dialektik erscheint. Die alten Antagonismen von Geschichte und Natur, von Menschenwerk und Gotteswerk, von Ratio und Sinnlichkeit: hier sind sie für einen Moment aufgehoben, hier scheint das Wirtschaften der Menschen gleitend in Naturschönheit überzugehen. □

Roland Benn, *MERIAN-Redakteur und Fachmann für Ur- und Frühgeschichte, fand im Braunschweiger Land sein Paradies.*

MERIAN | TIPP Elm-Lappwald

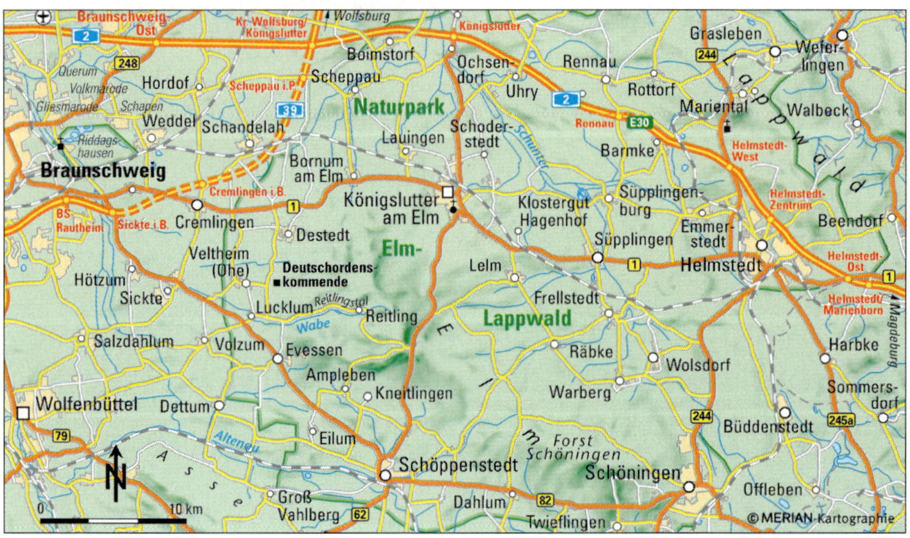

Der Naturpark Elm-Lappwald im Ostfälischen Hügelland, 1977 gegründet, ist 470 km² groß. Er besteht aus bewaldeten Höhenzügen, fruchtbaren Lössmulden, Mooren, Seen und Heideflächen. Höhenlage: 90-323 m. Ein Netz von 500 km Wander- und 300 km Radwegen durchzieht das Gebiet, es gibt Parkplätze, Schutzhütten, Ruhebänke und Grillplätze.

Fremdenverkehrsgemeinschaft Elm-Lappwald e.V.
Rosenwinkel 8, 38350 Helmstedt
Tel. (053 51) 121 14 44
Fax (053 51) 121 16 22
tourist@elm-lappwald.de
www.elm-lappwald.de

INFORMATIONSKOMPETENZ
Wir zeigen Profil.
BRAUNSCHWEIG
BRAUNSCHWEIGER ZEITUNG

BESTELL-SERVICE
040/87973540

MERIAN live! Osnabrück

Der handliche Pocketreiseführer lässt keinen Urlaubswunsch offen. Mit dem übersichtlichen und umfassenden Kartenmaterial ist er bestens geeignet für Kurzurlauber und alle, die eine komprimierte Darstellung ihres Urlaubsziels schätzen.

- Routen und Touren
- Übernachtungs-Tipps
- Sightseeing
- MERIAN Top-Ten-Tipps
- Geschichte
- Kulturelle Highlights
- Kartographie
- Jahrestemperaturen
- Feste und Events

Ich möchte bestellen.

Bitte liefern Sie die Produkte an folgende Adresse:

Name / Vorname des Bestellers

Straße / Haus-Nr. PLZ / Ort

Tel.-Nr. E-Mail

Datum / Unterschrift

Rechnung abwarten – bitte keine Vorauszahlung leisten. Die Lieferung erfolgt, innerhalb Deutschlands, porto- und versandkostenfrei. Auslandslieferungen auf Anfrage.

☐ Mit der Zusendung von Informationsmaterial bin ich einverstanden.

☐ Ich habe den Bestellwert von 25,– Euro erreicht und erhalte „Best of MERIAN" das Sammlerstück, das man nicht kaufen kann, als Dankeschön dazu.

Bitte tragen Sie hier Anzahl und Preise ein:

Produkt	Anzahl	Einzelpreis (Euro)	Gesamtpreis (Euro)
Süddeutsche Bibliothek		196,00	
MERIAN scout Deutschland 2006/2007DX		179,00	
MERIAN guide Die schönsten Familienhotels		12,90	
MERIAN live! Autostadt Wolfsburg		7,95	
MERIAN live! Osnabrück		7,95	
MERIAN-Ausgaben:			
		Summe	

Bitte freimachen Oder bestellen Sie per Fax: **040/27172079**

ANTWORT

MERIAN
Premium Shop
Postfach 60 12 20

D - 22212 Hamburg

Bestellen Sie einfach und bequem per:

www.merian.de/shop

040 / 87 97 35 40

040 / 27 17 20 79

MERIAN-Leserservice,
Postfach 60 12 20, 22212 Hamburg

Wie aus Träumen Flügel werden

Made in Braunschweig und weltberühmt für guten Ton: Schimmel und Grotrian-Steinweg bauen Klaviere und Flügel der Spitzenklasse

Text: Christian T. Schön, Fotos: Markus Klingenhäger

Luigi Colani entwarf den Pegasus-Flügel CC 208 für Schimmel. Dass er Avantgarde mit Eleganz verbindet, ist schon dem Gehäuse aus glasfaserverstärktem Kunststoff (oben) anzusehen

Intonateur Hitoshi Nakajima verleiht Instrumenten von Grotrian-Steinweg Klang und Charakter. Mit der Stimmgabel (linkes Foto) zieht er die Saiten an, der Filzkeil verhindert, dass sich Töne überlagern

Das Lebenswerk von Matthias König ist 2,80 Meter lang, wiegt 500 Kilogramm und kostet 80000 Euro. Da steht es, raumgreifend, von klassischer Noblesse, schwarz und auf Hochglanz poliert. König fährt mit der Hand wie beiläufig über die Tastatur und erzeugt im Nu einen Reichtum an Klangfarben, der bereits in diesem flüchtigen Moment die Sinne berührt. Der 47-Jährige ist Klavierbaumeister beim Traditionsunternehmen Schimmel. Und sein Baby ist der K 280 T – Schimmels Premium-Instrument in der „Königsklasse“, den Konzertflügeln. Für den Klang, erklärt König, ist die Maserung des Holzes entscheidend. Ideal ist eine 200 bis 300 Jahre alte Bergfichte, langsam gewachsen, am besten oben auf den Höhen des Bayerischen Waldes, wo Böen und Kälte des spröden Klimas an den dünnen Stämmen zehren. Viel Holz ist an so einem Baum nicht dran, der Wuchs ist kärglich, und dennoch sei gerade dieses Holz wertvoll, sagt König. Er spricht über die weichen und harten Frühjahres- und Spätjahresringe, die sich im Rhythmus der Jahreszeiten abwechseln und für hohe Elastizität sorgen. Der dünne Resonanzboden aus Bergfichte muss im Klavierbauch harmonisch schwingen. Das aber geschieht nur, wenn die biologischen Feinheiten stimmen.

Klavierkonstrukteur König steht vor der Flügelwandpresse. In dieser monströsen Maschine werden die bauchigen Wände für die Flügelklaviere geformt. Ein hydraulischer Keil drückt die schmalen Holzfurniere in eine Pressschablone. Bei 100 Grad Celsius und 12 bar Druck trocknet der Leim, ohne dass das Holz bricht. Die Form hält dann eine Ewigkeit.

Vereinfacht betrachtet besteht ein Flügelklavier aus drei Bauelementen: Gehäuse, Klangkörper und Spielwerk, das sind insgesamt 12000 Einzelteile. Das Herz des Instruments schlägt im Spielwerk, in den 88 Tasten der Klaviatur, den 88 Hämmern, den 70 Dämpfern. Der Ton entsteht im Klangkörper: dem Resonanzboden und den über 200 Saiten, die auf einen eisernen Gussrahmen aufgezogen werden. Erst wenn diese drei Komponenten montiert sind, wird das Instrument gestimmt und intoniert. Das edel schwarz polierte Gehäuse dagegen hat keine klangliche Funktion, es ist der glänzende Mantel, der dem Piano seine Eleganz verleiht.

Mit ausgefallenen Klaviergehäusen ist Schimmel bekannt geworden. Von dem legendären gläsernen Flügel, Markenzeichen von Udo Jürgens, wurden mehr als 200 Exemplare verkauft. Dabei sollte 1951 das erste Modell des Acrylglasflügels nur ein originelles Messeobjekt sein. Durch knallige Farben besticht die Art Edition CC 213 von Otmar Alt und Nikolaus W. Schimmel. Und der italienische Designer Luigi Colani kreierte die Pegasus-Reihe mit revolutionärer, unverwechselbar fließender Linienführung.

Zur Zeit entwirft Daniel Libeskind ein Modell; sechs Meter lang wird es werden, mit irren Spitzen und schiefen Wänden. Mehr wird vorerst nicht verraten. „Wir haben in den letzten zehn Jahren alle Instrumente neu konstruiert. Vom kleinsten Klavier bis zum Konzertflügel. Den gesamten Klangkörper, die Gehäuse, jede Saite, jedes Holzstück. Das war ein Traum, ein Scharaffenland für Klavierkonstrukteure wie mich.“ Matthias König, seit mehr als 30 Jahren dabei, schwärmt vom neuen Modell K 280 T. Und von den wenigen, aber wichtigen Quadratzentimetern, die beim Resonanzboden dazugewonnen wurden. Dadurch klingt der K 280 T wie ein 2,90-Meter-Flügel, obwohl er nur 2,80 Meter lang ist. Zehn Zentimeter mehr Resonanzboden – das sind im Klavierbau Welten, denn hier sitzt die Seele des Klaviers. Je größer die Resonanzbodenfläche, desto mehr Wumm, desto mehr Seele hat das Instrument.

Fast jedes zweite deutsche Klavier kommt aus der Stadt an der Oker. „Braunschweig ist *die* deutsche Klavierbaustadt“, sagt Burkhard Stein, Geschäftsfüh-

Guter Klavierbau lebt von Feingefühl und Handarbeit. Fließbandbetrieb ist in der Flügelbauhalle von Schimmel tabu. Der gläserne Flügel, 1951 entwickelt, stand bei vielen Konzerten von Udo Jürgens auf der Bühne

rer von Grotrian-Steinweg, der anderen Pianofortemanufaktur am Ort. Kaum jemand wisse das. Wäre Braunschweig Kulturhauptstadt geworden, orakelt Stein, hätte sich daran vielleicht etwas geändert.

Warum gerade Braunschweig? Anfang des 20. Jahrhunderts wurden die meisten Klaviere noch in Berlin und Leipzig gebaut. Aber schon 1858 war die seit 1835 bestehende Grotrian-Steinweg-Pianofortefabrik nach Braunschweig gezogen. Das Unternehmen versprach sich von dem neuen Standort Handelserleichterungen im Zolldickicht der deutschen Kleinstaaterei. Und als in den 1920er Jahren Friedrich Schimmel einen Fabrikstandort mit Know-how im Pianofortebau suchte, fiel seine Wahl auf Braunschweig, wo neben Grotrian-Steinweg noch die Firmen Fritz Ohm und Zeitter & Winkelmann Klaviere bauten.

In sechster Generation produziert Grotrian-Steinweg heute. „Jungs, baut gute Klaviere – dann kommt alles andere von selbst", schrieb Gründersohn Wilhelm Grotrian seinen Nachkommen ins Stammbuch. Clara Schumann, die bedeutendste Pianistin ihrer Zeit, äußerte sich begeistert: „Von nun an diesen Flügel und keinen anderen..."

Alles, was beim Klavierbau Fingerspitzengefühl erfordert, wird bei Grotrian-Steinweg im eigenen Haus erledigt. 2003 wurde das Unternehmen restrukturiert, und heute haben die 60 Mitarbeiter „alle Zeit der Welt", gute Klaviere zu bauen. Rund 600 Stück im Jahr. Der Umsatz steigt. Gerade wurde für 150000 Euro ein neuer Flügel entwickelt: „Charis", benannt nach den antiken Göttinnen der Anmut. Qualität und Lebensdauer der Instrumente sprechen sich herum. Selbst der Scheich von Dubai besitzt einen Grotrian.

Heinz Burgdorff ist seit 1970 dabei, nennt sich selbst einen „Grotrianer". An seiner Werkbank werden Klangkörper und Spielwerk zu einer mechanischen Einheit. Die Hämmer und Dämpfer müssen genau das Saitenchor treffen. **Erst dann, wenn jedes Teil an seinem Platz ist, beginnt das Herz des Pianos zu schlagen.**

Seine Seele bekommt das Instrument ganz zum Schluss in einem schallisolierten Raum. Hier wird gestimmt und intoniert. Die drei Saiten, die bei einem Tastendruck angeschlagen werden, müssen unisono gestimmt, der Anschlag muss gleichmäßig sein. Nur dann kann der Pianist Dynamik und Gefühl allein aus den Fingerspitzen dosieren.

Der Mann, der dafür verantwortlich ist, heißt Hitoshi Nakajima, von Beruf Intonateur. Er trillert gerade im Diskant eines Pianos, sticht dann mit seinem Werkzeug, einigen spitzen Nadeln, die aussehen wie mittelalterliches OP-Besteck, in den Hammerfilz aus Schafswolle. Er schleift und sticht, immer wieder, stundenlang.

Obwohl man mit technischen Mitteln die Schwingung der Saiten präzise messen könnte, setzen die großen Klavierbauer auf Handarbeit, Feingefühl und Gehör. Denn Daten sagen nichts über den Klang eines Klaviers, seinen Charakter. Der entfaltet sich erst unter den Händen eines gefühlvollen Intonateurs. Das Gehör von Hitoshi Nakajima ist daher von unschätzbarem Wert.

Alle zwei Jahre hat das Klavier seinen großen Auftritt im Braunschweiger Kulturleben. Renommierte Künstler und Nachwuchspianisten spielen Klassik, Boogie, Barmusik und Jazz beim renommierten Festival „Tastentaumel". Initiiert wird das Musikereignis von Schimmel und Grotrian-Steinweg mit Unterstützung der Stiftung Nord/LB · Öffentliche. Das Publikum ist anspruchsvoll, das Programm ambitioniert, und auf den Erfolg sind besonders die beiden Braunschweiger Manufakturen stolz. Denn auf den Bühnen stehen jeden Abend Tasteninstrumente aus der deutschen Klavierbau-Hauptstadt. □

Christian T. Schön, *freier Autor und in der Freizeit Bassist und Gitarrist, will jetzt zur Abwechslung mal Klavierunterricht nehmen.*

Bildnachweis und Fotografen

Anordnung im Layout: o=oben, u=unten, r=rechts, l=links, m=Mitte.

Titel: Titel: Markus Klingenhäger/ Daniel Müller;
S. 3 or Mark-Oliver Schulz, m Anne Katrin Schuhmann, u Markus Klingenhäger;
S. 4/5 o Markus Klingenhäger/Daniel Müller, u Daniel Müller;
S. 5 m Markus Klingenhäger/Daniel Müller, ul AKG, ur Mark-Oliver Schulz;
S. 6 ol, or Privat, u Daniel Müller;
S. 8 o Matthias Kulka, Getty images/Don Farrall; m Picture Alliance, u Dennis Williamson;
S. 10 o FAL, u BPK/:Kunstbibliothek/Katz
S. 10 ol, mr, ml, u AKG;
S. 12-25 Klingenhäger/Müller;
S. 14/15 Arthur F. Selbach;
S. 30-39 Daniel Müller;
S. 40-43 Anne Kathrin Schuhmann;
S. 44-50 Daniel Müller;
S. 52/53 Marc-Oliver Schulz;
S. 54 AKG; S.55 ECE
S. 56 ol, ul Stadtarchiv Braunschweig/ Otto Hoppe, or, ur, S. 57 Marc-Oliver Schulz;
S. 58/59 Ullstein/Robert Sennecke;
S. 60 ul Ansichtskartenversand.com, ur Action Press/Royal Press Holland;
S. 62 ol, or AKG; S. 64 Marc-Oliver Schulz;
S. 68-71 Alle Bilder mit freundlicher Genehmigung des Prestel Verlages;
S. 68 Archiv Richter, München, Photo: Wulf Brackrock;
S. 69, 70 o, m Privatbesitz, Braunschweig;
S. 71 u Stiftung Stadtmuseum, Berlin;
S. 72 ol, r Sammlung Glanz, Hamburg;
S. 73 u Stiftung Preußische Schlösser u. Gärten, Potsdam;
S. 74-79 Anne Kathrin Schuhmann;
S. 80-81 Bongarts/Getty images;
S. 84-88, 92-94 Klingenhäger/Müller;
S. 88 u Nasa;
S. 89 ol IST, ur Holger Klimek/GBF;
S. 90 ul U.Schmidt, H.Bellmann/BBA, um LWI, or Privat, S. 91 ul, or PTB;
S. 96-102 Markus Klingenhäger;
S. 108 o Kingenhäger, u PR;
S. 109-110 Klingenhäger;
S. 110 or PR; S. 113 Arthur F. Selbach:
S. 114/15 M.Heidemann/Städtisches Museum Braunschweig; S. 116/117 Daniel Müller;
S. 118/119 Claus Cordes; S. 121-122 Schulz;
S. 124 Privat; S. 127,129,138 Selbach;
S. 130 Privat; S. 132/33 Schulz; S. 134 Privat;
S. 136 PR; S.142 Werner Keiner;
S. 146 o PR, m Mauritius images/ imagebroker.net, u Harz-Photos/ Raymond Faure

Den Domplatz am Abend fotografierten Markus Klingenhäger und Daniel Müller

MERIAN *extra*

Erstverkaufstag dieser Ausgabe ist der 31. 08. 2006
MERIAN erscheint monatlich im Jahreszeiten Verlag GmbH, Poßmoorweg 5, 22301 Hamburg
Tel. 040/27 17-2600, Fax 040/27 17-2628 **Anschrift der Redaktion:** Poßmoorweg 2, 22301 Hamburg
Postfach 130444, 20139 Hamburg, E-Mail: Redaktion@Merian.de, Tel. 040/27 17-0
Website: www.merian.de **Leserservice:** Postfach 601220, 22212 Hamburg
Tel. 040/87 97 35 40, Fax 040/27 17-20 79 **Syndication:** www.jalag-syndication.de
GourmetPictureGuide: Stefanie Lüken, Tel. 040/271 720 02, Fax 040/27 17 20 89, www.gourmetpictureguide.de

Chefredakteur: Andreas Hallaschka
Art Directorin: Sabine Lehmann, Dorothee Schweizer (stellv. Art Directorin)
Chefs vom Dienst: Tibor M. Ridegh, Klaus Kube (freie Mitarbeit)
Redakteure: Kathrin Sander, Charlotte von Saurma, Roland Benn (freie Mitarbeit), Anja Haegele (freie Mitarbeit), Thorsten Kolle (freie Mitarbeit)
Redakteur dieses Heftes: Tibor M. Ridegh **Schlussredaktion:** Tibor M. Ridegh, Jasmin Wolf (stv.)
Layout dieses Heftes: Helga Damm, Beke Jürgensen, Ingrid Koltermann (Schlussgrafik)
Bildredaktion: Hanni Rapp, Eva M. Ohms, Lars Lindemann (freie Mitarbeit), Petra Becker (freie Mitarbeit)
Bildredakteurin dieses Heftes: Petra Becker **Kartographie:** Peter Münch
Dokumentation: Jasmin Wolf, Sebastian Schulin (freie Mitarbeit) **Mitarbeit:** Helmut Golinger, Corinna Lücke, Susanne Strätz
Herstellung: Karin Harder **Redaktionsassistenz:** Sabine Birnbach, Katrin Eggers
Geschäftsführung Premium Magazine: Peter Rensmann **Verlagsleitung Premium Magazine:** Oliver Voß
Group Head Anzeigen Premium Magazine: Roberto Sprengel **Anzeigenleitung:** Christel Janßen
Anzeigenstruktur: Patricia Hoffnauer **Marketing:** Kenny Machaczek, Ulrich Rieger, Sonja Wünkhaus
Vertriebsleitung: Jörg-Michael Westerkamp (Zeitschriftenhandel), Uwe Distelrath (Buchhandel)
Verantwortlich für den redaktionellen Inhalt: Andreas Hallaschka
Verantwortlich für Anzeigen: Roberto Sprengel

Verlagsbüros Inland:
Hamburg: Tel. 040/27 17-25 95, Fax -25 20, E-Mail: vb-hamburg@jalag.de
Berlin: Tel. 030/80 96 23-60, Fax -70, E-Mail: vb-berlin@jalag.de
Hannover: Tel. 0511/85 61 42-0, Fax -19, E-Mail: vb-hannover@jalag.de
Düsseldorf: Tel. 0211/901 90-0, Fax -19, E-Mail: vb-duesseldorf@jalag.de
Frankfurt: Tel. 069/97 06 11-0, Fax -44, E-Mail: vb-frankfurt@jalag.de
Stuttgart: Tel. 0711/966 66-520, Fax -22, E-Mail: vb-stuttgart@jalag.de
München: Tel. 089/99 73 89-30, Fax -44, E-Mail: vb-muenchen@jalag.de

Repräsentanzen Ausland:
Basel: Intermag AG, Tel. +4161/275 46-09, Fax -10, E-Mail: info@intermag.ch
London: The Powers Turner Group, Tel. +44 20/7630 99 66 Fax 76 30 99 22, E-Mail: cweiss@publicitas.com
Mailand: Media & Service International Srl, Tel. +39 02/48 00 61 93, Fax 48 19 32 74, E-Mail: info@it-mediaservice.com
Paris: International Magazine Company, Tel. +331/53 64 88 91, Fax 45 00 25 81, E-Mail: imc@international.fr
Madrid: Alcála Media International Media Representation, Tel. +34 91/326 91 06, Fax -07, E-Mail: alcalamedia@retemail.es
Wien: Publimedia Internationale Verlagsvertretungen GmbH, Tel. +43 1/21530, Fax 2121602, E-Mail: ppn-vienna@publicitas.com
New York: The Russell Group Ltd., Tel. +12 12/213 11-55, Fax -60, E-Mail: info@russellgroupltd.com

Die Premium Magazin Gruppe im Jahreszeiten Verlag

A&W Architektur & Wohnen COUNTRY DER FEINSCHMECKER WEIN Gourmet MERIAN

Gültige Anzeigenpreisliste: Nr. 38

Preis im Abonnement im Inland monatlich 6,37 € inklusive Zustellung frei Haus. Der Bezugspreis enthält 7 % Mehrwertsteuer. Auslandspreise auf Nachfrage. Postgirokonto Hamburg 132 58 42 01 (BLZ 200 100 20) Commerzbank AG, Hamburg, Konto-Nr. 611657800 (BLZ 200 400 00) Führen in Lesemappen nur mit Genehmigung des Verlages. Printed in Germany

Weitere Titel im Jahreszeiten Verlag: Für Sie, petra, vital, PRINZ, A&W Architektur & Wohnen, COUNTRY, DER FEINSCHMECKER, WEINGourmet, schöner reisen, ZUHAUSE WOHNEN, selber machen
Litho: Alphabeta Druckformdienst GmbH, Hamburg. Druck und Verarbeitung: heckel GmbH, Nürnberg,
ISBN: 3-8342-0615-6, ISSN 0026-0029 MERIAN (USPS No. 011-458) is published monthly. The subscription price for the USA is $ 110 per annum. K.O.P.: German Language Publications, Inc., 153 South Dean Street, Englewood NJ 07631. Periodicals postage is paid at Englewood NJ 07631, and at additional mailing offices. Postmaster: send address changes to: MERIAN, German Language Publications, Inc. 153 South Dean Street, Englewood NJ 07631.

JAHRES ZEITEN VERLAG

Ein Unternehmen der
GANSKE VERLAGSGRUPPE

MERIAN

TEXTE **Karsten Mentasti** REDAKTIONSSCHLUSS **Juli 2006**

Top Tipps

1. **Burgviertel** Die Schätze von Burg Dankwarderode, Dom und Braunschweigischem Landesmuseum bestaunen
2. **Herzog Anton Ulrich-Museum** Dem „Mädchen mit dem Weinglas" von Jan Vermeer van Delft begegnen
3. **Okerfahrt** Ein Boot mieten und durch eine idyllische Park- und Wasserlandschaft um die Altstadt paddeln
4. **Riddagshausen** Mit dem Fahrrad in das bezaubernde Viertel fahren und Stille in der Klosterkirche suchen
5. **Wolfenbüttel** Die berühmte Bibliothek besuchen und sich an 600 schönen Fachwerkhäusern erfreuen

Der prächtige Renaissancegiebel des Gewandhauses, einst Gildehaus der betuchten Tuchmacher

Foto: Arthur F. Selbach

MERIAN | FREIZEIT

Grün in der Stadt

(K/L 6/7) Bürgerpark
In den Okerauen südlich der Altstadt entstand 1805 die erste Parkanlage, die nach und nach mit Teichen und Spielanlagen bis 1990 auf 42 ha erweitert wurde.

(M 5) Löwenwall
Der ovale Rasenplatz, von einer Kastanienpromenade umgeben, entstand 1805-31 anstelle der Befestigungswallanlagen. In der Mitte der 22 m hohe Obelisk für die Herzöge Karl Wilhelm Ferdinand und Karl.

(M 3/4) Theater-/Museumpark
Auf hügeligem Areal wurden die citynahen Grünanlagen gestaltet. Zeitweise Openair-Aufführungen.

(E 4) Riddagshausen
Das idyllische, 1934 eingemeindete Dorf ist Mittelpunkt einer weitläufigen Teichlandschaft, die auf die Zisterziensermönche des nahen Klosters (12. Jh.) zurückgeht. Mit ihrer reichen Tier- und Pflanzenwelt, vor allem seltenen Vogelarten, wurden die elf Riddagshausener Teiche zum Europareservat erhoben. Zur Verschönerung des historischen Ortsbildes trugen die hier wiederaufgebauten niedersächsischen Bauernhäuser aus anderen Orten bei.

Die Lettern (z. B. E 4) in den Texten verweisen auf die Planquadrate der MERIAN-Karte auf Seite 139.

BRAUNSCHWEIG

Historische Gebäude

(K 3) Alte Waage
In dem ziegelroten Fachwerkbau (1534) wurden alle in die Neustadt eingeführten Waren registriert, gewogen und gemessen. Im Zweiten Weltkrieg wurde das Gebäude zerstört und 1994 originalgetreu wieder aufgebaut. Sitz der Volkshochschule.
Alte Waage 15

(K 5) Alter Bahnhof
1845 wurde dieser Kopfbahnhof für die sechs Jahre zuvor in Betrieb genommene erste deutsche Staatseisenbahn nach Wolfenbüttel gebaut. Nachdem 1960 ein neuer Durchgangsbahnhof eingeweiht wurde, fand die Direktion der Nord/LB im Alten Bahnhof einen repräsentativen Sitz.
Friedrich-Wilhelm-Platz

(I/K 4) Altstadtrathaus
Das gotische Rathaus der bürgerlichen Altstadt stammt aus dem 13. Jh., doch erst Mitte des 15. Jhs. erhielt es seine heutige Fassade mit zweigeschossigen Lauben und Maßgiebeln. Die zum Teil vergoldeten Pfeilerfiguren zeigen ottonische und welfische Kaiser, Könige und Herzöge mit ihren Frauen. Bürgermeisterzimmer und Großer Saal, die Dornse, dienen zu Repräsentationszwecken. Der hier untergebrachte Teil des Städtischen Museums (s. S. 115) dokumentiert die Stadtgeschichte.
Altstadtmarkt

(L 4) Burg Dankwarderode
Herzog Heinrich der Löwe ließ die Burg im 12. Jahrhundert als Residenz errichten. Nach viermaliger Zerstörung wurde sie 1886-89 rekonstruiert und auf den alten Grundmauern wieder errichtet. Im Knappensaal im Erdgeschoss zeigt das Herzog Anton Ulrich-Museum mittelalterlichen Exponate, u. a. das vergoldete Original des Braunschweiger Löwen. Prachtvoll ist der Rittersaal im Obergeschoss.
Burgplatz, Tel. 12 250
Mittelalter-Sammlung: Di, Do-So 11-17 Uhr, Mi 13-14.30 Uhr und 16-20 Uhr
Rittersaal: Di, Do-So 10-11 Uhr, Mi 14.30-16 Uhr
Eintritt 2,50 €, ermäßigt 2 €

In dem großzügigen Jugendstilbau am Löwenwall wurde 1906 das Städtische Museum untergebracht

(I 6) **Ehemalige Zuckerraffinerie ARTmax**
In der Raffinerie wurden zwischen 1858 und 1939 täglich bis zu 2000 Zentner Rohzucker verarbeitet. Nach dem Krieg wurden die seit 1986 denkmalgeschützten Hallen zeitweise als Lager benutzt. Heute ist das Industriedenkmal Heimstätte für Unternehmen der Bereiche Medien, Kunst (HBK), Design und Gastronomie.
Frankfurter Straße 2
www.artmax.de

(K 4) **Gewandhaus**
Das frühere Handelshaus der Gewandschneider, der vornehmsten Gilde der Altstadt, wurde 1303 erstmals erwähnt. Nach Zerstörung im Weltkrieg und Wiederaufbau ist es heute Sitz der Industrie- und Handelskammer. Die Schaufassade am Ostgiebel, am besten zu betrachten vom Kohlmarkt, gilt als eines der bedeutendsten Werke der Renaissancebaukunst. Restaurant im historischen Gewölbekeller.
Altstadtmarkt 1-2

(K 5) **Haus zum Ritter Georg**
Auf der westlichen Seite der Alten Knochenhauerstraße ist das zu einem Fachwerkensemble gehörende Hotel das prächtigste. Reiche Figurenschnitzereien verzieren die Fassade des 1489 gebauten Hauses.

(K 3) **Liberei**
Das backsteingotische Häuschen wurde um 1420 Hort einer großen, gegen die Geistlichkeit durchgesetzten Bücherei, die allen Braunschweigern zugänglich war.
Kröppelstraße

(L 4) **Rathaus**
Der neugotische Bau entstand 1894-1900. Der 61 m hohe Rathausturm an der Südwestecke ist wie ein flandrischer Belfried angelegt und kann bestiegen werden. Schöner Blick über die Innenstadt.
Platz der Deutschen Einheit
Besichtigung Rathausturm Mo-Fr 9-15 Uhr

(M 7) **Schloss Richmond**
Herzog Karl Wilhelm Ferdinand ließ das kleine barocke Palais 1768/69 für seine Gemahlin, die englische Prinzessin Auguste, bauen, an deren Heimat der Name erinnert. Der Park wurde im Stil eines englischen Landschaftsgartens angelegt. Im ehemaligen Wach- und Küchenhaus befindet sich das Gerstäcker-Museum (s. S. 118).
Wolfenbütteler Straße 55
Tel. 4702040
Besichtigung nur mit Führung jeden 2. So (gerade Kalenderwoche) um 11 Uhr; 5 €

(K 2) **Villa Löbbecke**
Kleines Palais im Stil der römischen Renaissance, 1881 für den Bankier Alfred Löbbecke von Konstantin Uhde gebaut, der etwa 90 Gebäude in Braunschweig entwarf. 1944 zerstört, seit dem Wiederaufbau Gästehaus der TU.
Inselpromenade 11

Plätze

(K 4) **Altstadtmarkt**
Bürgerliches Gegenstück (12. Jh.) zum herzoglichen Burgplatz. Um seinen spätgotischen Marienbrunnen fanden Märkte,

MERIAN | TIPP

Städtisches Museum

Auf Initiative der Bürger wurde das Städtische Museum 1861 nach dem Vorbild des Germanischen Nationalmuseums Nürnberg eingerichtet. Zahlreiche und kostbare Stiftungen und Schenkungen drückten die Verbundenheit der Braunschweiger mit dem Museum aus, das 1906 in den Jugendstilbau am Löwenwall zog. Mit 270 000 Objekten zählt es zu den größten kunst- und kulturgeschichtlichen Museen Deutschlands. Es präsentiert u. a. Kunsthandwerk der Braunschweiger Zünfte (darunter Arbeiten von Goldschmieden, Zinngießern und Webern), Kunst (u. a. in der bedeutenden Gemäldesammlung), viele Exponate der Lackkunst von Stobwasser, Zeugnisse des religiösen Lebens und der Alltagskultur seit dem Mittelalter. In einer Dependance ist die bis auf die Zeitenwende zurückgehende Formsammlung untergebracht und im Altstadtrathaus eine eindrucksvolle Sammlung zur Stadtgeschichte.
(M 5) Am Löwenwall
www.braunschweig.de/staedtisches_museum
Di-So 10-17 Uhr (im Altstadtrathaus über Mittag und Sa geschlossen), Eintritt frei

Messen, Kirmes und Paraden statt, begrenzt wird der Platz von Gewandhaus, Altstadtrathaus und Martinikirche. Mittwoch- und sonnabendvormittags Wochenmarkt.

(L 4) **Burgplatz**
Historisches und geographisches Zentrum der Stadt, umgeben von Gebäuden mit großer geschichtlicher und kultureller Bedeutung: Dom, Burg Dankwarderode, Vieweghaus (heute Braunschweigisches Landesmuseum) und den prächtigen Fachwerkbauten Huneborstelsches und Veltheimisches Haus. Auf dem Platz auf hohem Podest steht eine Kopie des Burglöwen, Wahrzeichen und Wappentier Braunschweigs.

(L 3) **Hagenmarkt**
Der Platz an der Pfarrkirche St. Katharinen ist Mittelpunkt des 1160 von Heinrich dem Löwen gegründeten Weichbildes Hagen. An der Südseite stand einst das berühmte Hagenmarkt-Theater, Vorgänger des Braunschweigischen Staatstheaters. Zentral und von Bäumen umgeben: der Heinrichsbrunnen mit einer Plastik von Heinrich dem Löwen.

(K 4) **Kohlmarkt**
Zentraler Geschäftsplatz in der Fußgängerzone mit historischen Fassaden (u. a. Haus zur Rose und Haus zum Glockenspiel), erstmals 1342 erwähnt. Früher wurde hier mit Stein- und Holzkohle gehandelt. Zahlreiche Straßencafés, Märkte, Weinfeste und Kleinkunsttage machen den Kohlmarkt zu einem vitalen Treffpunkt der Braunschweiger.

(L/M 4) **Magniviertel**
Das alte Quartier der Handwerker zwischen Bohlweg und Löwenwall gilt als die Wiege Braunschweigs und bietet mit seinen schiefen Fachwerkhäusern, kleinen Straßen und romantischen Innenhöfen das authentischste Bild der Braunschweiger Altstadt. Vitales Szeneviertel. An der Georg-Eckert-Straße steht das Happy-Rizzi-Haus, ein dreiteilig verschachteltes, knallbuntes Pop-Art-Geschäftshaus des New Yorker Künstlers James Rizzi.

Kirchen

(L 4) **Dom St. Blasii**
Heinrich der Löwe, der Braunschweig prunkvoll zu seiner Residenzstadt ausbaute, ließ mit der zur Burg Dankwarderode gehörenden romanischen Stiftskirche St. Blasius 1173 bis 95 seine Grabeskirche errichten.
Domplatz 5, Tel. 24 33 50
www.braunschweigerdom.de
tägl. 10-17 Uhr

(E 4) **Klosterkirche Riddagshausen**
Die dreischiffige Pfeilerbasilika mit Querschiff, rechteckigem Chorumgang und einem ebensolchen Kapellengang wurde zwischen 1216 und 1275 erbaut. Die Schlichtheit des Kirchenbaus nach dem Vorbild des Zisterzienser-Ursprungsklosters Cîteaux in Frankreich entspricht den Regeln des Mönchsordens. Wegen zahlreicher Plünderungen und Zerstörungen der Klosterkirche ist das Taufbecken von 1562 das älteste erhaltene Ausstattungsstück.
Stadtteil Riddagshausen
Klostergang 65
www.klosterkirche-riddagshausen.de
Di-Sa 10-16, So 12-16 Uhr

(L 5) **St. Aegidien**
Auf der höchsten Erhebung der Innenstadt liegt die katholische Propsteipfarrkirche St. Aegidien, ehemals Kirche eines Benediktinerklosters. Das Gotteshaus aus dem 13. Jh. ist die einzige Braunschweiger Kirche im gotischen Kathedralstil. Von dem Kloster aus dem 12. Jh. sind noch vier Räume erhalten.
Spohrplatz 9

Der Alte Bahnhof, ein Ottmer-Bau von 1845, dient der Nord/LB als repräsentativer Sitz

www.staegidien.de
Mo-Fr 8-17, Sa-So 8-19 Uhr

(K 3) **St. Andreas**
Die Pfarrkirche der Neustadt wurde ab 1225 erbaut. Der südliche der zwei Türme ist mit 93 m der höchste Kirchturm der Stadt. Der Nordturm blieb unvollendet. Die Kirche, nach dem Vorbild des Doms gebaut, wurde mehrmals umgestaltet.
An der Andreaskirche
www.standreas.de
Mo-Fr 9-12, Mo, Mi auch 14-16 Uhr. Turmbesteigung Mai-Okt. Mi-So 15-17, Nov.-Apr. Fr-So 15-17 Uhr, 2 €, ermäßigt 1,50 €

(L 3) **St. Katharinen**
Die Kirche des Weichbildes Hagen (romanisch, um 1200) war ursprünglich eine vollständig gewölbte Pfeilerbasilika, wurde im 13. Jh. zur Hallenkirche erweitert und mit großen Maßwerkfenstern ausgestattet.
An der Katharinenkirche
www.katharinenbraunschweig.de
Di-Fr 9-17, im Winter bis 15 Uhr, Sa 9-13 Uhr

(M 4) **St. Magni**
Keine andere Kirche wurde im Weltkrieg so stark zerstört wie die gotische Magnikirche. Beim Wiederaufbau sollte die Erinnerung daran eine wichtige Rolle spielen. So wurde der zweite Turm nicht wieder hochgezogen und der Dachstuhl blieb offen. Auch die Skulptur „Der Rufer" erinnert an das Kriegsleid.
Ackerhof, *tgl. 9-18 Uhr*

(K 4) **St. Martini**
Haupt- und Marktkirche der Altstadt, 1190-1230 errichtet und später zur Hallenkirche umgestaltet. Im 15. Jh. wurde ein Chorpolygon und am südlichen Seitenschiff die Annenkapelle angefügt. Das Turmwerk wurde als einziges der Braunschweiger Kirchen in romanischer Zeit fertig.
Eiermarkt
www.martini-kirche.de
April bis Dez. Di-Fr 10-13 und 15-17, Sa 10-17, So 15-17 Uhr

MERIAN | TIPP

Reiche Sammlungen

Das Braunschweigische Landesmuseum

Das Museum im Vieweg-Haus am Burgplatz ist das große, sammlerisch und wissenschaftlich aufbereitete Gedächtnis der Region. Auch in den drei anderen Häusern – in Braunschweig Hinter Agidien, in Wolfenbüttel und in Bortfeld – wird die Geschichte des Braunschweiger Landes ausführlich dokumentiert. Im **Haupthaus** präsentieren sich thematisch-chronologisch die Sammlungen aus Geschichte, Kultur, Wirtschaft, Technik, Kunst, Volkskunde und Sozialgeschichte, wie sie in ihrer Vielzahl anderswo nur selten zu sehen sind. Das Museum gehört damit zu den größten historischen Museen in Deutschland. Sonderausstellungen, Werkkurse und Vorträge haben imer wieder aktuelle gesellschaftliche und wissenschaftliche Bezüge. Das **Jüdische Museum** des Landesmuseums Hinter Aegidien besitzt eine bedeutende Judaica-Sammlung und präsentiert die Inneneinrichtung der Hornburger Synagoge. In **Wolfenbüttel** befindet sich die Abteilung Ur- und Frühgeschichte von den Anfängen vor 500 000 Jahren bis zum 8. Jh. Das Bauernhaus-Museum in **Bortfeld** wurde in einem reetgedeckten Hallenhaus untergebracht.

(L 4) **Vieweghaus (Haupthaus)** Burgplatz 1, Tel. 121 50
www.landesmuseum-bs.de, *Di-Mi, Fr-So 10-17, Do 13-20 Uhr, 2,50 €, erm. 1,30 €*
(L 5) **Abt. Jüdisches Museum**
Hinter Aegidien, *Di-Fr und So 10-17 Uhr*
Abt. Ur- und Frühgeschichte Wolfenbüttel
Kanzleistraße 3, *Di und Fr 10-13 Uhr, Mi, Do, So 10-17 Uhr*
Bauernhausmuseum Bortfeld Katzhagen 7, Wendeburg (Bortfeld), *derzeit geschlossen*

Museen

Braunschweigisches Landesmuseum siehe Seite 117

(M 7) **Gerstäcker-Museum**
Friedrich Gerstäcker verbrachte Jugend und letzte Lebensjahre in Braunschweig. Der Weltreisende wurde zum populärsten Abenteuerschriftsteller des 19. Jhs. Er war es, der die Deutschen mit dem Wilden Westen bekannt machte.
Wolfenbütteler Straße 56
www.gerstaecker-museum.de
So 10-13 Uhr, Eintritt frei

(M 4) **Herzog Anton Ulrich-Museum**
Die 1754 gegründete Kunsthalle ist das älteste öffentlich zugängliche Museum Deutschlands und ihre Gemäldesammlung Alter Meister eine der umfangreichsten, mit Bildern von Rembrandt, Rubens, Vermeer, Cranach. Außerdem: Skulpturen und Kunsthandwerk von der Antike bis zur Neuzeit. Die Mittelalterabteilung ist in der Burg Dankwarderode (s. S. 114).
Museumstraße 1
www.museum-braunschweig.de
Di, Do-So 10-17, Mi 13-20 Uhr, Eintritt 3 €, ermäßigt 1,50 €

(L 5/6) **Kunstverein Braunschweig**
1832 gegründet, ist der Kunstverein einer der traditionsreichsten in Deutschland und eine erste Adresse für zeitgenössische Kunst. In der von Joseph Krahe erbauten klassizistischen Villa Salve Hospes werden pro Jahr durchschnittlich fünf Ausstellungen internationaler Gegenwartskunst gezeigt.
Lessingplatz 12
www.kunstverein-bs.de
Di-So 11-17 Uhr, Eintritt 3 €, erm. 1,60 €. So 14.30 Uhr Führung (im Preis enthalten)

(N 4) **Museum für Photographie**
In zwei historischen Torhäusern werden die Fotos großer Meister wie Gisèle Freund oder Henri Cartier-Bresson gezeigt, aber auch zeitgenössische Ausstellungen mit Themenschwerpunkten wie Reportage-, Mode- oder Reisefotografie.
Helmstedter Straße 1 und 171
www.photomuseum.de
Di-So 13-18 Uhr, Eintritt 2,50 €, Kinder unter 12 Jahren frei

(N 5) **Raabe-Haus**
Der Dichter Wilhelm Raabe lebte von 1870 bis 1910 in Braunschweig. In seinem Wohnhaus ist sein Arbeitszimmer original erhalten, außer der Gedächtnisstätte befindet sich hier auch das Literaturzentrum Braunschweig.
Leonhardstraße 29 a
Di 9-14, Mi 9-17, Do 13-19, So 15-17 Uhr; Eintritt frei

(M 1) **Staatliches Naturhistorisches Museum**
Als eines der ältesten Naturkundemuseen der Welt zeigt es heimische und exotische Tiere, darunter viele Vögel, Schauaquarien mit einer Auswahl lebender Fische und Reptilien, Fossilien. Regelmäßige Sonderausstellungen.
Pockelsstraße 10, www.naturhistorisches-museum.de
Eintritt 2 €, Kinder (4-14) 0,50 €

(M 5) **Städtisches Museum**
siehe Seite 115

(E 4) **Zisterzienser-Museum**
Im Torhaus des ehemaligen Zisterzienserklosters wird die Entwicklung des Zisterzienserordens von seinen Anfängen bis heute am Beispiel des ehemaligen Klosters Riddagshausen (s. S. 116) erläutert.
Riddagshausen, Klostergang 64
Sa-So 12-17 Uhr

Fauna und Flora

(D 6) **Arche-Noah-Zoo**
Artgemäße Haltung in natürlicher Umgebung hat sich der kleine Braunschweiger Privat-

„Das Mädchen mit dem Weinglas“ von Jan Vermeer van Delft ist einer der größten Schätze im Herzog Anton Ulrich-Museum

zoo auf die Fahnen geschrieben. Der Tiergarten präsentiert 350 Tierarten, von der Mandarinente über den Kurzkrallenotter bis zum Sibirischen Tiger.
Stadtteil Stöckheim, Am Zoo 35
www.zoo-braunschweig.de
15. März bis Ende Okt.: 9-19 Uhr, sonst von 10 Uhr bis Einbruch der Dunkelheit; Eintritt 4 €, Kinder (4-16 J.) 2,50 €

(M 2/3) Botanischer Garten der Technischen Universität
Das Freigelände am östlichen Okerumflutgraben ist abwechslungsreich gestaltet. Im März 2006 wurde ein Tropenhaus eröffnet. Im klassizistischen Torhaus am Eingang des Gartens befindet sich eine Galerie *(Sa geschl.)* mit wechselnden Ausstellungen.
Humboldtstraße 1
www.ifp.tu-bs.de/botgart
Winter: Mo-Fr 8-16, Sa-So 9-16 Uhr, Sommer: tgl. 8-18 Uhr; Eintritt frei

BRAUNSCHWEIGER LAND

Wolfenbüttel

Hauptkirche Beatae Mariae Virginis
Für den ersten großen Kirchenbau des Protestantismus gab es keine Vorbilder. Der herzogliche Baumeister Paul Francke vereinte in diesem ab 1608 errichteten Bau Stilelemente der Gotik, Renaissance und des Barock. Die Kirche sieht eher wie ein Palast aus.
Kornmarkt
Di-Sa 10-12 und 14-16 Uhr

Herzog-August-Bibliothek
Siehe auch Seite 44
Lessingstraße, www.hab.de
Lesesaal: Mo-Fr 11-17 Uhr; museale Räume: Di-So 11-17 Uhr, Eintritt 3 € (Karte gilt auch für Zeughaus und Lessinghaus). Öffentliche Führungen (6 €) sonn- und feiertags 11 Uhr und jeden 1. Dienstag im Monat 20 Uhr

Lessinghaus
Das fürstliche Dienerhaus neben der Bibliothek bewohnte von 1777 bis zu seinem Tod 1781 Gotthold Ephraim Lessing. Ein Literaturmuseum erinnert an den Dichter und Bibliothekar.
Lessingplatz 2
Öffnungszeiten wie Herzog-August-Bibliothek

Braunschweigisches Landesmuseum Abt. Ur- und Frühgeschichte
Von der Altsteinzeit vor 500000 Jahren bis zur Frühgeschichte (8. Jh.) präsentiert das Museum archäologische Fundstücke. Für Kinder eine gute Gelegenheit, Geschichte hautnah zu erleben.
Kanzleistr. 3, www.landesmuseum-bs.de
Di u. Fr 10-13, Mi, Do, So 10-17 Uhr, 2,50 €, erm. 1,30 €, bis 6 Jahre frei

Musikinstrumente-Museum
Die Sammlung auf dem Kirchencampus umfasst 3000 Exponate aus fast allen Kulturen der Welt.
Dietrich-Bonhoeffer-Straße 1
Di und Mi 9-16 Uhr, Eintritt frei, Gruppen und Führungen nach Anmeldung

Schloss Wolfenbüttel
Jahrhundertelang war hier die Residenz der Welfenherzöge. Von der Burg (13. Jh.) ist fast nichts übriggeblieben. Das Schloss wurde im 16. Jh. gebaut, seine prächtige Fassade erhielt es 1715. Hauptattraktion des Museums sind die prunkvollen Repräsentationsräume (1690-1740).
Schlossplatz 13
Di-So 10-17 Uhr, 3 €, Gruppen- und Erlebnisführungen nach Voranmeldung

St. Trinitatis
Auf dem Rest eines Stadttores, dem ehemaligen Haupteingang der alten Residenzstadt, wurde die 1719 geweihte barocke Gemeindekirche gebaut. Am Durchgang zwischen Kirchenschiff und Sakristei befindet sich ein Teil des Stadttors.
Holzmarkt, *Di 11-13, Mi 11-13 und 14-16, Do 15-17, Sa 11-16 Uhr*

Zeughaus
Der Spätrenaissancebau (1618) diente als Waffenarsenal, später als Schlosskaserne und gehört heute mit Präsenzbücherei und Lesesaal zur Herzog-August-Bibliothek.
Schlossplatz
Lesesaal: Mo-Fr 8-20, Sa 9-13 Uhr; museale Räume: Öffnungszeiten wie Herzog-August-Bibliothek

Wolfsburg

Auto-Museum
Von Oldtimern über Skurrilitäten und Forschungsstudien bis hin zu Prototypen zeigt das Auto-Museum außerhalb der Autostadt mehr als 140 Fahrzeuge der Marke Volkswagen.
Dieselstraße 35
www.automuseumvolkswagen.de
Mo-So 10-18 Uhr, 6 €, ermäßigt 3 €

Autostadt
In einem architektonisch, technisch und landschaftlich anspruchsvollen Erlebnis- und Kompetenzzentrum werden die Themen Auto und Mobilität auf überraschende Art erfahrbar und erlebbar gemacht. Die faszinierende Entdeckungsreise in die Welt des Automobils ist für Erwachsene wie Kinder gleichermaßen interessant. (siehe Ausgabe MERIAN *extra* Autostadt in Wolfsburg)
Stadtbrücke, www.autostadt.de
Apr.-Okt. 9-20, Nov.-März 9-18 Uhr. Die Gastronomie ist bis max. 23 Uhr geöffnet. Eintritt 15 €, Kinder/Jugendliche 6-17 Jahre 6 €, Studenten 12 €. Diverse Führungen.

Badeland
Sport, Spaß, Erholung und Entspannung bietet das 2002 eröffnete Badeland im Allerpark mit 3000 m^2 Wasserfläche, ein zehn Bahnen breites 50-m-Becken, eine große Saunaland schaft und diverse Wasserattraktionen.
Am Allerpark
www.badeland-wolfsburg.de
Mitte Sep.-Mitte Mai 6-22, Mitte Mai-Mitte Sept. 8-22, So 8-20 Uhr, Preise nach Benutzungszeit.

Burg Neuhaus
Die Felsenburg, die Welfenherzog Magnus d. J. um 1370 erbaute, ist eine der besterhaltenen Wasserburgen in Norddeutschland. Burgmuseum.
Wolfsburg-Neuhaus, Burgallee
www.burg-neuhaus.de
So 14-17 Uhr, Eintritt frei

Heilig-Geist-Kirche, Stephanus-Kirche
Der finnische Architekt Alvar Aalto baute in Wolfsburg ein Kulturzentrum und zwei Kirchen. Die Heilig-Geist-Kirche (1959-62) mit einem offenen Glockenturm gehört zu seinen spektakulärsten Sakralbauten. Die Stephanus-Kirche (1965-68) hat eine mit Carrara-Marmor verkleidete fensterlose Eingangsfront und einen unfertig gebliebenen, in Skelettstruktur erstellten Glockenturm.
Heilig-Geist-Kirche, Stadtteil Klieversberg, Röntgenstraße
Stephanus-Kirche, Stadtteil Detmerode, Detmeroder Markt

Kunstmuseum
Der 1994 eröffnete lichte Glas-Stahlbau am südlichen Ende der Fußgängerzone hat sich durch eine Vielzahl von Ausstellungen moderner und zeitgenössischer Kunst einen beachtlichen Ruf erworben.
Porschestraße 53
www.kunstmuseum-wolfsburg.de
Di 11-20, Mi-So 11-18 Uhr, Eintritt 6 €, Familien 12 €

Phaeno
Das lebendige Wissenschaftsmuseum und Science Center wurde 2004 eröffnet. Das futuristische Bauwerk der berühmten Architektin Zaha Hadid lädt Kinder und Erwachsene zum spielerischen Umgang mit Phänomenen aus Naturwissenschaft und Technik ein.
Willy-Brandt-Platz 1, www.phaeno.de
Di-So 10-18 Uhr, Eintritt 11 €, Kinder und Jugendliche bis 17 Jahre, 7 €

Planetarium
Mit modernster Technik wird in der vollklimatisierten Kuppel der Anblick des Sternenhimmels mit Sonne, Mond und Planeten naturgetreu dargestellt.
Uhlandweg 2
www.planetarium-wolfsburg.de
Tel. (05361) 21939
Vorführungen Mi 15 u. 17, Sa 15 u. 16, So 14 Uhr für Kinder und 15 Uhr, Sondervorführungen nach Anmeldung, 5 €, diverse Ermäßigungen. Tel. Reservierung wird empfohlen

Schloss Fallersleben
Der mittelalterliche Fachwerkbau, von Herzog Franz von Braunschweig-Lüneburg erbaut und dann drei Jahrzehnte Witwensitz, beherbergt das Hoffmann-von-Fallersleben-Museum zur Geschichte der deutschen Demo-

Im Zeithaus der Autostadt in Wolfsburg werden einige der einstigen Exportschlager von Volkswagen präsentiert

kratie im 19. Jh. und eine Gemäldegalerie.
Wolfsburg-Fallersleben Schlossplatz 6
Di-Fr 10-17, Sa 13-18, So 10-18 Uhr. Eintritt 2,50 €, Familien 5 €

Schloss Wolfsburg

Der von einem Barock- und Landschaftsgarten umgebene prächtige Bau im Stil der Weserrenaissance (13. Jh.) ist Namensgeber der Stadt. Das Schloss beherbergt Stadtmuseum, Städtische Galerie und Kunstverein.
Alt-Wolfsburg, Schlossstraße 8
Di 13-20, Mi-Fr 10-17, Sa 13-18, So 10-18 Uhr

St.-Marien-Kirche

Die Kirche (1580) in der historischen Siedlung Alt Wolfsburg nahe dem Schloss fällt durch einen wuchtigen Turm auf.
Alt Wolfsburg, Schlossstraße 15
im Sommerhalbjahr 8-18 Uhr, sonst auf Anfrage

Theater Wolfsburg

Das Stadttheater wurde nach den Plänen von Hans Scharoun gebaut, der auch die Berliner Philharmonie entworfen hat. Die Gestaltung stellt eine Harmonie zwischen Natur, Bauwerk und Verkehr dar.
Klieverhagen 50

Goslar

Bergbaumuseum Rammelsberg

Das 1988 stillgelegte Erzbergwerk Rammelsberg war als einziges Bergwerk der Welt über 1000 Jahre in Betrieb. Mit der mittelalterlichen Altstadt wurde es 1992 Unesco-Weltkulturerbe.
Bergtal 19
www.rammelsberg.de
tägl. 9-18 Uhr, letzte Führung unter Tage 16.30 Uhr. Eintritt Museum und Führung 10 €, Kinder/Jugendliche 6 €. Tel. für Gruppenanmeldungen (05321) 750-122

Breites Tor

Im 16. Jh. wurden die Stadttore zu Torburgen ausgebaut. Das Breite Tor mit Flankierungszwingern und Torwächterkaserne ist eindrucksvoll.
Am Breiten Tor
Besichtigung nur während Stadtführungen

Brusttuch

Mit einem steilen Giebel zieht das nach seiner ungewöhnlichen Form benannte Brusttuch-Haus die Blicke auf sich. Es ist im Obergeschoss von einer Fachwerkbrüstung umgeben, deren mittelalterliche Schnitzer allerlei phantasiereiche Figuren schufen, u. a. die „Butterhanne", eine Magd, die ihr Hinterteil entblößt hat, um den Teufel fernzuhalten.
Hoher Weg

Domvorhalle

Von der im 11. Jh. gebauten Stiftkirche St. Simon und Judas, Vorbild für den Bau vieler romanischer Kirchen, ist nur noch die Eingangshalle vorhanden. Der ehemalige Kaiserstuhl steht in dem Restdom fast genau an der Stelle wie vor knapp 1000 Jahren.
Kaiserbleek/Wallstraße

Exponate von Kaiserring-Preisträgern

Werke von Preisträgern des international renommierten Kunstpreises Kaiserring, der einmal im Jahr von der Stadt Goslar vergeben wird, sind im Mönchehaus-Skulpturengarten, aber

auch an diversen öffentlichen Plätzen zu finden. Zu den Preisträgern gehören Joseph Beuys, Christo und Henry Moore. Im Jahr 2006 erhielt der Maler Jörg Immendorff den Kaiserring.

Kaiserpfalz
Die Kaiserpfalz, eine der eindrucksvollsten mittelalterlichen Großbauten, von der man fast die gesamte Altstadt überblicken kann, und die Pfalzkapelle St. Ulrich stammen aus dem 11. Jh. Kaiser Heinrich II. wählte Goslar als eine seiner Residenzstädte aus. Zwischen 1009 und 1253 fanden 23 Reichstage in Goslar statt. Im Gewölbe der Pfalz Ausstellung über das Wanderkaisertum.
Kaiserbleek 6
Apr.-Okt. tägl. 10-17, Nov.-März tägl. 10-16 Uhr.
Eintritt Erwachsene 4,50 €, Kinder und Jugendliche 2,50 €

Kaiserworth
Das Gildehaus der Gewandschneider (1494) ist das schönste Gebäude am Markt. Die Fassade mit den barocken Kaiserstatuen wurde mehrfach überbaut, was einen reizvollen Stilmix zur Folge hatte.
Markt 3

Marktkirche
Die Rats- und Hauptpfarrkirche, 1151 erstmals erwähnt, ist nach den berühmten Ärzten und Apothekern Cosmas und Damian benannt. Mit ihrer Größe stellte sie selbst den Dom in den Schatten.
Marktplatz
www.marktkirche-goslar.de
Besichtigung und Turmbesteigung Apr.-Okt. 10-17, Nov.-März 10-16 Uhr, Führungen Mo 12.30-15.30 Uhr

Mönchehaus-Museum für moderne Kunst
In dem Ackerbürgerhaus aus dem 16. Jh. sowie in den angrenzenden Fachwerkhäusern, Gewölbekellern und einem Skulpturengarten wird in wechselnden Ausstellungen zeitgenössische Kunst gezeigt. Höhepunkt ist alljährlich die begleitende Schau zur Verleihung des Kaiserringes.
Mönchestraße 1
www.moenchehaus.de
Di-Sa 10-17 Uhr, So 10-13 Uhr, 3 €, Kinder/Jugendliche 1,50 €

Rathaus, Huldigungssaal
Vier Jahrhunderte dauerte der Bau des Rathauses, dessen

Die Goslarer Kaiserpfalz, zum Teil eine Rekonstruktion, ist die größte Burg der Romanik in Deutschland

Gesamteindruck jedoch geprägt ist durch das 16. Jh., in dem die Hansestadt und Freie Reichsstadt durch den Bergbau ihre Blütezeit erlebte. Eine Meisterleistung spätgotischer Raumgestaltung ist der Sitzungssaal, dessen Wände und Decken mit Tafelgemälden ausgekleidet sind.
Marktplatz
Huldigungssaal Apr.-Okt.
Mo-Fr 11-15, Sa, So 11-16 Uhr.
Eintritt 3,50 €, Kinder 1,50 €

Zwinger

Das Museum im Festungsturm (1517) zeigt mittelalterliche Waffen, Rüstungen und Foltergeräte. Der Zwinger ist mit 6 m dicken Mauern eines der massivsten Bauwerke in Europa.
Thomasstraße 2
www.goslarer-zwinger.de
Tel (053 21) 431 40
März 10-16 Uhr, Apr.-Mitte Nov. 10-17 Uhr, in den Wintermonaten Führungen und Besichtigungen nach Vereinbarung, Eintritt 2,20 €

Elm-Lappwald

Der Naturpark zwischen dem Allertal und Braunschweig ist ein ideales, teilweise unberührtes Erholungsgebiet (s. S. 96) zum Wandern und Radfahren. (siehe auch Helmstedt, Königslutter, Schöningen und Schöppenstedt)

Lucklum

Die Kommende (Niederlassung) des Deutschen Ordens bestand von 1260 bis 1809. Man kann das riesige Hofgut (s. S. 96) von mehreren Seiten betreten, sollte aber auf den landwirtschaftlichen Betrieb Rücksicht nehmen.

Räbke

Papiermühlen sorgten einst für Wohlstand in dem Dorf. Führung mit Ursula Deters nach Anmeldung, **Tel. (05355) 6174**. Nur 3 km östlich liegt Warberg mit seiner Burg (s. S. 96)
www.burg-warberg.de

Gifhorn

Mühlenmuseum
In einem von Kanälen und Seen durchzogenen 10 ha großen Gelände des einzigartigen Internationalen Wind- und Wassermühlenparks sind 13 Originalmühlen und Nachbauten in Originalgröße sowie 45 Mühlenmodelle zu sehen.
Bromer Straße
www.muehlenmuseum.de

Weitere Sehenswürdigkeiten
sind das **Welfenschloss** von Herzog Franz (Baubeginn 1525) mit Historischem Museum, das **Kavalierhaus** am Steinweg und das **Alte Rathaus** mit Ratsweinkeller.

Hankensbüttel

Otterzentrum
Hier wurde 1988 Europas erstes Otterzentrum eingerichtet. Besucher erhalten auf dem 6 ha großen Freigelände einen naturnahen Einblick in das Leben der bedrohten Wassermarderart. Zu beobachten sind auch die Verwandten des possierlichen Otters: Dachse, Marder, Hermeline und Otterhunde.
www.otterzentrum.de

Helmstedt

Julius-Universität
Die erste protestantische Universität Norddeutschlands bestand von 1576 bis 1810. Das die Altstadt überragende Aula-Gebäude Juleum Novum ist ein beachtenswerter Renaissancebau von 1597. Er beherbergt heute das **Kreis- und Universitätsmuseum**, Collegienplatz 1, *Eintritt frei, Führungen nach Vereinbarung.*

Benediktinerkloster St. Ludgerus
Die einstige Hanse- und Universitätsstadt verdankt ihre Existenz dem Benediktinerkloster St. Ludgerus, in dessen Schatten um 952 die Siedlung Helmonstede entstand.
Am Ludgerihof 1
www.klosterludgerus.de

St. Marienberg
Das ehemalige Kloster, ab 1176 Augustiner-Chorfrauenstift, später evangelisches Damenstift, ist mit Schatzkammer und Paramentenwerkstatt zu besichtigen.
Klosterstraße 14
Tel. (053 51) 67 69

Markt
Das Zentrum wird dominiert vom reich verzierten Hoflager des Herzogs Julius, dem Rathaus (1904) und den mehr als 400 Professoren- und Fachwerkhäusern aus dem 16. und 17. Jh.

Zonengrenzmuseum
Es erinnert an die Zeit der deutschen Teilung.
Südertor 6
Tel. (053 51) 17 77 77
Mo geschl., von Mai-Okt. finden an jedem 4. Samstag im Monat Grenz-Rundfahrten statt.

Grenzkontrollpunkt Marienborn
An der ehemaligen Grenzübergangsstelle Helmstedt/Marienborn an der A 2 wurde 1996 die Gedenkstätte Deutsche Teilung Marienborn eröffnet. Die nach der Wende größtenteils unverändert gebliebene Anlage mit Kontrolleinrichtungen für LKW, Busse und Pkw können selbstständig erkundet und einstige Funktionsgebäude bei einer Führung besichtigt werden. Die Dokumentation wird durch wechselnde Ausstellungen und Filme im früheren Stabsgebäude vervollständigt.
Anfahrt: Über die A2 aus Berlin kommend Abfahrt Marienborn, aus Richtung Hannover Abfahrt Esso-Tankstelle Marienborn. Di-So 10-17 Uhr, Eintritt frei

Hornburg

Altstadt
Die mehr als 1000-jährige Fachwerkstadt Hornburg im Landkreis Wolfenbüttel, Geburtsort von Papst Clemens II., bietet mit 400 reich verzierten **Renaissance-Fachwerkhäusern** und einer **Wassermühle** malerische Ansichten. Die Altstadt steht komplett unter Denkmalschutz.
www.hornburg.de, Stadtführungen: Tel. (053 34) 949 11

Königslutter

Kaiserdom
Die 1135 von Kaiser Lothar III. gestiftete Benediktiner-Klosterkirche Peter und Paul, Kaiserdom genannt, gehört mit reichem künstlerischen Schmuck italienischer Steinmetzen und herrlichem Kreuzgang zu den eindrucksvollsten romanischen Bauten in Niedersachsen.

Weitere Sehenswürdigkeiten
Museum mechanischer Musikinstrumente, das **Museum zur Stadtgeschichte** und die **Dombauhütte**, die über die Baugeschichte des Doms sowie das Steinmetz-Handwerk informiert. Im **GeoPark-Informationszentrum** wird anhand von Gesteinen und Fossilien die Naturgeschichte der Region veranschaulicht. Freilicht- und Erlebnismuseum Ostfalen „Femo". www.femo-online.de

Peine

Hagenmarkt
Der Platz mit acht sternförmig abgehenden Straßen ist der

Die Insignien der DDR-Macht wurden nach vierzig Jahren im Helmstedter Zonengrenzmuseum zur Staffage

Pariser Place de l'Etoile nachempfunden. In der Mitte Markt.

Schokoladenmuseum
Alles über die süße Verführung, gläserne Fabrik der Pralinen und Tropengarten.
Wilhelm-Rausch-Straße 4
Mo- Fr 10-18, Sa -16, So 12-17 Uhr

Weitere Sehenswürdigkeiten
Burgpark, schöne Fachwerkhäuser an **Damm** (Pelikanhaus, 1612) und **Kniepenburg,** Gasthaus **Weißer Schwan** (1595)

Salzgitter

Große Unternehmen wie der Stahlkonzern Salzgitter AG, Volkswagen, MAN, Alstom und die Robert Bosch Elektronik machten Salzgitter zum Wirtschaftszentrum. Doch die „Stadt der Kontraste" ist auch recht grün. Die 31 kleinstädtischen bis dörflichen Stadtteile sind verbunden durch den Höhenzug Lichtenberge, Naturschutzgebiete, Wälder, idyllische Flusslandschaften sowie das **Europäische Vogelreservat Heerter See.** Der Stadtteil **Salzgitter-Bad** ist ein staatlich anerkannter Kurort mit einem Thermalsolbad. Dass Salzgitter als Stadt zwar eine Neugründung aus dem 20. Jh. ist, seine Wurzeln aber wesentlich älter sind, zeigt das **Weserrenaissance-Schloss Salder** von 1608. In dem heutigen Kulturzentrum ist das **Städtische Museum** untergebracht. Der Kuhstall des Schlosses wurde zur **Kunsthalle** umgebaut.

Museum Schloss Salder Ortsteil Salder Museumsstraße 34, *Di-Sa 10-17, So 11-17 Uhr, Eintritt frei*

Schladen

Schlangenfarm
Hier leben mehr als 1000 Schlangen aus aller Welt sowie Krokodile, Piranhas, Spinnen, Skorpione und Echsen. Täglich Vorführungen oder öffentliche Fütterungen.
Schladen-Gewerbegebiet, nahe der A 395 Abfahrt Schladen-Nord, www.schlangenfarm.de
Apr.-Sept. 9-18, März und Okt. 9-17, Nov.-Feb. 9-16 Uhr, Eintritt 6 €, Kinder 4 €.

Schöningen

Schloss Schöningen
Es wurde um 1350 von Herzog Magnus als Jagdschloss und Grenzfestung gegen das Erzbistum Magdeburg und das Bistum Halberstadt gegründet und ist heute Kulturzentrum.

Schöninger Speere
Bei den Braunkohleabbau begleitenden Ausgrabungen wurden die ältesten Holzspeere der Welt entdeckt, die rund 400 000 Jahre alt sind. In einem Museum wird detailliert die archäologische Forschung vorgestellt.
Info-Zentrum im ehemaligen Gefängnis am Burgplatz, www.schoeningerspeere.de
Mi 14-17, Sa, So 10-16 Uhr, Eintritt frei

Schöppenstedt

Till-Eulenspiegel-Museum
Im Elmdörfchen Kneitlingen bei Schöppenstedt soll Till Eulenspiegel, dessen Narrenstreiche weltbekannt sind, um 1300 zur Welt gekommen sein.
Nordstraße 4a, *Di-Fr 14-17, Sa, So 11-17 Uhr, Eintritt 1,80 €).*

Weitere Sehenswürdigkeiten
Naturfreunde sollten das Wasservogelreservat **Schöppenstedter Teiche** bei Bansleben besuchen. Porzellan-Liebhaber kommen im **Kaffeekannenmuseum Eitzum** auf ihre Kosten.

BRAUNSCHWEIG

Theater

Staatstheater Braunschweig
Die Ursprünge gehen zurück auf die Zeit Herzog Anton Ulrichs, der mit dem Vorgänger-Theater am Hagenmarkt 1690 eine der ersten allgemein zugänglichen Bühnen im deutschsprachigen Raum eröffnete. Zu den bedeutendsten Uraufführungen gehörten „Emilia Galotti" von Lessing (1772) und „Faust I" von Goethe (1829). Noch im 19. Jahrhundert spielten am Hagenmarkt-Theater Tournee-Ensembles, darunter auch das von Friederike Caroline Neuber, eine der berühmtesten Wandertruppen ihrer Zeit. Das Staatstheater der Gegenwart ist ein Vierspartenhaus mit den Bereichen Musiktheater, Schauspiel (auch Kinder- und Jugendtheater), Ballett und Staatsorchester. Es gibt ein großes, abwechslungsreiches Konzertprogramm. Das Staatstheater ist Veranstalter von wiederkehrenden Themenreihen und Festwochen, zu denen die „Festlichen Tage Neuer Musik" und „Von wegen Klassik" gehören, und auch Gastgeber der internationalen Festivals „Theaterformen" und „Tanztheater international". Einen ausgezeichneten Ruf genießt das Ballett des Staatstheaters. Pro Spielzeit gibt es etwa 25 Neuproduktionen und bis zu 500 Vorstellungen in vier regelmäßigen Spielstätten:

(M 3) Großes Haus
Am Theater
(M 4) Kleines Haus mit Studiobühne U22
Magnitorwall 18
(M 4) Theaterspielplatz
Hinter der Magnikirche 6a
(N 5/6) Stadthalle
Leonhardplatz 1
Ticketvorverkauf Tel. 123 45 67
www.staatstheater-braunschweig.de

(M/N 2) **Figurentheater Fadenschein**
Eigene Inszenierungen und Gastspiele für Kinder, Verwöhnabende mit kulinarischem Rahmenprogramm für Erwachsene, Motto: „Augenschmaus".
Bültenweg 95, Tel. 33 05 39
www.fadenschein.de

(K 4) **Komödie am Altstadtmarkt**
Ein Programmkino im Herzen der Stadt wurde zum Boulevardtheater mit 300 Plätzen.
Gördelingerstraße 7
Tel. 121 86 80, www.komoedie-am-altstadtmarkt.de

Imperialen Glanz strahlt das 1858-61 errichtete Staatstheater aus. 1944 zum Teil zerstört, wurde es bereits 1948 wieder bespielt

(K 4) **LOT-Theater**
Ein eigenes Ensemble zeigt experimentelles Theater: Performance, Sprech-,Tanz-, Jugendtheater sowie Lesungen, Konzerte und Ausstellungen.
Kaffeetwete 4a, Tel. 173 53
www.lot-theater.de

Theater Feuer und Flamme
Ein freies, mobiles Theater mit Eigeninszenierungen für Kinder und Erwachsene. Ohne feste Spielstätte, oft Gastspiele im „Fadenschein" oder „LOT".
Tel. 580 76 45
www.feuerundflamme.de

Musik und Kultur

(I 3) **Baßgeige**
Beliebte Jazz-Kneipe.
Bäckerklint 1, Tel. 174 08

(M 4) **Blauhaus-Party**
Öffentliche Party im Kleinen Haus des Staatsheaters an etwa vier Terminen im Jahr.
Magnitorwall 18

(M 4) **Brücke**
Am Sitz des Braunschweiger Kulturinstituts gibt es im Foyer und im Theatersaal mit 99 Plätzen ein breites Spektrum von Kultur.
Steintorwall 3, Tel. 470 48 61

Brunsviga
siehe Seite 129

(L 4) **Dom St. Blasii**
Ausstellungen, klassische und geistliche Konzerte, u. a. der renommierten Domsingschule.
Domplatz, Tel. 24 33 50
www.braunschweigerdom.de

(H 5) **Feldschlößchen-Bühne**
Konzerte auf der Bühne im Raffteichbad im August mit Rock- und Popstars sowie regionalen Bands.
Madamenweg 93
Tourist-Info, Tel. 470 20 40

(H 5) **Jolly Joker**
Discothek (Di, Fr, Sa 22-4.30 Uhr) und Location für große und kleine Konzerte.
Broitzemer Straße 220
Tel. 281 46 60
www.jolly-joker.de

(D 3) **Meier Music Hall**
Discothek (Fr-Sa ab 22 Uhr sowie jeden 3. Do im Monat) und Veranstaltungsort für Konzerte.
Schmalbachstraße 2
Tel. 23 20 50
www.meier-music-hall.de

(N 5/6) **Stadthalle**
Veranstaltungszentrum für Konzerte, Bälle, Partys, Seminare, und Vorträge.
Leonhardtplatz 1, Tel. 707 70

(K 6) **Volkswagen Halle**
Arena für bis zu 8000 Zuschauer. Pop- und Klassikkonzerte, Fernsehshows, internationale Sportveranstaltungen.
Europaplatz, Tel. 707 70
www.volkswagenhalle-braunschweig.de

(M 5) **Städtisches Museum**
Vorträge und Konzerte. Der Verein Musikerinitiative Braunschweig organisiert dort jährlich etwa zehn Jazz-Abende und fördert moderne Spielarten des Jazz und deren Musiker.
Löwenwall 15, Kontakt zum Verein: Tel. 34 63 77
www.jazz-braunschweig.de

Galerien

(L 5) **Allgemeiner Konsumverein**
Hinter Liebfrauen 2, Tel. 748 05
www.konsumverein.de

(N 2) **BBK-Torhaus-Galerie**
Humboldtstr. 34, Tel. 34 61 66
www.bbk-torhaus-galerie.de

(L 3) **Galerie auf Zeit**
Wilhelmstr. 89, Tel. 270 26 57

(K 4) **Galerie Olaf Jaeschke**
Schuhstraße 42, Tel. 24 31 20
www.galerie-jaeschke.de

(H 5) **Galerie der HBK**
Johannes-Selenka-Platz 1
Tel. 391-91 30, www.hbk-bs.de

(L 5) **Kunstverein Braunschweig**
Lessingplatz 12, Tel. 495 56
www.kunstverein-bs.de

(H 2) **Rom-Art Galerie**
Celler Str. 106 b, Tel. 50 67 12
www.rom-art-galerie.de

Buchhandlungen

(K 4) **Buchhandlung Graff GmbH**
Sack 15, Tel. 480 89-0
www.graff.de
Mo-Sa 9.30-20 Uhr

(K 4) **Thalia-Buchhaus**
Hutfiltern 9, Tel. 12 38 80
Mo-Sa 9.30-20 Uhr

Szene

(L 4) **Alex**
Café, Kneipe, Bar und Bistro mit großer Terrasse.
Bohlweg 69-70, Tel. 121 66 00
Mo-Do 8-1, Fr-Sa 8-3 Uhr, So 9-1 Uhr.

(K 3) **Bolero**
Mexikanisches Restaurant und Cocktailbar direkt am größten Kino der Stadt.
Lange Str. 60, Tel. 618 01 68
Mo-Do. u. So. 17-2 Uhr, Fr.-Sa. 17-3 Uhr

(N 1) **Charly's Tiger**
Gemütliche Restaurant-Kneipe mit studentischem und jung gebliebenem Publikum.
Wilhelm-Bode-Straße 26
Tel. 34 75 71
Mo-Fr 11.30-2, Sa 16-3, So 10-2 Uhr

(K 3) **Dax Bierbörse**
Erlebnis-Gastronomie mit Disco, Tanzlokal, Biergarten

Die Villa „Salve Hospes" im Palladio-Stil beherbergt den Kunstverein Braunschweig

und der größten Donnerstagabend-Party der Stadt.
Küchenstraße 1, Tel. 142 88
www.dax-braunschweig.de
Di-Sa 19-3 Uhr

(K 4) **Dolce Vita**
Die Adresse Nummer eins für alle, die sehen und gesehen werden wollen. Café, Bar und Bistro mit italienischem Flair.
Schuhstraße 4, Tel. 433 38
Mo-Sa ab 8.45 Uhr.

(M 1) **Eusebia**
Café und Bistro mit südländischem Flair im Uni-Viertel.
Spielmannstraße 11
Tel. 34 63 29
Mo-Fr ab 9, Sa-So ab 10 Uhr

(K 3) **Foyer 61**
Bar und Restaurant in gehobenem Ambiente, Ledersitzecken. Jazz, italienische Küche.
Lange Str. 61, Tel. 481 11 50
tägl. 18-2 Uhr

(L 1) **Herman's Café Bar**
Café, Bar und Bistro neben dem Alt-Gebäude der TU, studentisches Publikum. Gewölbekeller. Im Sommer auch draußen. Sonntags Frühstücksbuffet.
Schleinitzstraße 18
Tel. 233 74 11
Mo-Do 9.30-1, Fr ab 9.30 Uhr, Sa ab 18, So ab 10 Uhr

(L 4) **Lindi**
Bierlokal und Treffpunkt für die reifere Generation gegenüber dem (künftigen) Schloss.
Bohlweg 22, Tel. 410 11
www.lindi-bs.de, *tgl. 10-2 Uhr*

(L/M 4) **Magniviertel**
In dem Traditionsquartier und Kneipenviertel mit seinen zahlreichen Schänken, Cafés und Restaurants findet jeder, was er sucht.
www.magniviertel.de

(K 4) **Max am Markt**
Gemütlich-schickes Café in Leder, Holz und Edelstahl. Besondere Events wie Essen im Dunkeln.
Altstadtmarkt 12, Tel. 155 05
Mo-Sa 9-24 Uhr

MERIAN | TIPP

Brunsviga

Zu den Braunschweiger Publikumsmagneten gehört eine alte Konservenfabrik – die Brunsviga. Mehr als 150 000 Gäste jährlich kommen in das Kultur- und Kommunikationszentrum, dessen Konzept einzigartig ist: In der in den achtziger Jahren optimal umgebauten Fabrik gibt es Gastspiele von Musikbands, Kabaretts, Kleinkunst, aber auch Chöre, die hier proben und auftreten, Kursangebote aller Art, Workshops, Musikunterricht, Tagungen, Arbeit von Selbsthilfegruppen. Ein Kinderhaus komplettiert die Einrichtung. Cafeteria, Saal (und im Sommer Terrasse) haben ein gutes und preiswertes gastronomisches Angebot.
Karlstraße 35, Tel. 23 80 40
www.brunsviga-kulturzentrum.de
Es gibt einen ausführlichen zweimonatlichen Veranstaltungskalender von Brunsviga

EVENT-KALENDER

Februar
Karnevalsumzug „Schoduvel" am Sonntag vor Rosenmontag. Größter Umzug in Norddeutschland und der viertgrößte bundesweit.
Satirefest mit Kabarettveranstaltungen im Kulturzentrum Brunsviga und der „Brücke", dem Sitz des Kulturinstituts. Dauer etwa vier Wochen.

März
Löwen Classics Internationales Weltranglistenturnier der Dressur- und Springreiter in der Volkswagen Halle.

April
Braunschweig Classix Festival Hochkarätige Konzerte und Musikveranstaltungen April-Juni und Sept.-Nov.
Braunschweiger Tanz-Tage Amateur- und Breitensport-Tanzturniere mit bundesweiter Beteiligung sowie Workshops
Honky-Tonk Kneipenfestival mit Live-Musik in mehreren Dutzend Locations.
Literaturfestival seitenweise Autoren, Schauspieler und Kabarettisten lesen in einem Gastronomiezelt auf dem Martinikirchplatz (bis Mitte Mai, www.festival-seitenweise.de).

Mai
Skaternacht in der City Skaten wo sonst Autos fahren, das ist rund um das Rathaus in Braunschweig möglich.

Juni
Festival Theaterformen Überblick über die Vielfalt zeitgenössischen Theaters, alle zwei Jahre (2008).
Internationales Sommerspektakel mit Openair-Theateraufführungen (2007).
Kulturnacht Künstler jeglicher Couleur präsentieren sich alle zwei Jahre (demnächst 2008) von 18 Uhr bis nach Mitternacht an zahlreichen, teils ungewöhnlichen Veranstaltungsorten in der Stadt. 2006 fanden 200 Auftritte in 70 Locations statt.
Nachtlauf Tausende Hobby-

Das Festival „Kultur im Zelt" präsentiert im Bürgerpark eine faszinierende Mischung aus Kleinkunst, Musik und Gesang

läufer und Profis in der City.
Nord/LB-Open: ATP-Tennis-Challengerturnier auf der Tennisanlage im Bürgerpark.

Juli
Feldschlößchen Open Air auf dem Burgplatz: Zwei Abende lang kostenlose Konzerte mit heimischen und überregionalen Rock- und Popbands.
Sommerlochfestival Zwei Wochen feiern Schwule und Lesben und demonstrieren für ihre Rechte. Zum Abschluss findet die Christopher Street Day Parade statt, die zweitgrößte Veranstaltung dieser Art in Norddeutschland.

August
Feldschlößchen-Bühne im Raffteichbad: Pop-Konzerte und Comedy.
Opern-Festival auf dem Burgplatz: Das Staatstheater Braunschweig präsentiert in einer eigens errichteten Arena jeweils eine Oper (2006 wurde „Don Giovanni" gegeben), immer von Mitte August bis Anfang September, jedes Jahr von hoher Klasse.

September
City-Jazz-Night mit 50 Bands an 40 Spielorten.
Hanse-Tage mit verkaufsoffenem Sonntag und Unterhaltungsprogramm in der Innenstadt.
Kultur im Zelt Vierwöchiges Festival mit Konzerten, Kabarett, Varieté unter einer Zeltkuppel im Bürgerpark (**www.kulturzelt-braunschweig.de**). Ein hochkarätiger Publikumsmagnet.
Magni-Fest Am ersten Wochenende im September feiern Zehntausende beim Altstadtfest im Magni-Viertel.
TANZtheater International Dieses Festival zeigt Trends und Tendenzen der internationalen Tanztheaterszene (in Braunschweig und Hannover).

November
Internationales Filmfest Etwa 150 Lang- und Kurzfilme, hauptsächlich europäische Produktionen, werden bei diesem Publikumsfestival gezeigt. Dabei werden der Publikumspreis „Der Heinrich" und der Kurzfilm-Musikpreis „Der Leo" vergeben.

Dezember
Weihnachtsmarkt auf dem Burg- und Domplatz – durch das historische Ambiente rundherum ist dieser Markt einer der stimmungsvollsten in Deutschland.

INFO KULTUR IM UMLAND

WOLFENBÜTTEL

Kultur und Kunst

Klassische Konzerte
in der Herzog-August-Bibliothek
Lessingplatz 1
Tel. (053 31) 80 82 14

KKK KleinKunstKabarett
Kabarett, Chansons, klassische Musik und Lesungen.
Ahlumer Straße 25
Tel. (053 31) 335 45
www.kleinkunstkabarett.de

Kulturbahnhof Wolfenbüttel
Veranstaltungen im denkmalgeschützten Bahnhofsgebäude und auf dem Bahnhofsvorplatz.
Bahnhof 1
Tel. (053 31) 902 82 83
www.kulturbahnhof-wf.de.

Kunstverein
Wechselnde Ausstellungen
Reichsstraße 1
Tel. (053 31) 278 75

Lessingtheater
Der Kulturbund der Lessingstadt Wolfenbüttel organisiert im Stadttheater ein vielseitiges Gastspielprogramm.
Harztorwall
Tel. (053 31) 23 50

KuBa-Kulturhalle
Konzerte, Kabarett, Vorträge und Kunstausstellungen in einer umgebauten Fabrikhalle.
Lindener Straße 15
Tel. (053 31) 277 87
www.kuba-halle.de

Schloss-Innenhof
Kultursommer von Anfang Juli bis Ende August mit Konzerten und Musicals.
Schlossplatz 13
Tel. (053 31) 862 80, www.kultursommer.wolfenbuettel.de

Theatersaal im Schloss
Bühne des Amateurtheaters Kleine Bühne Wolfenbüttel.
Schlossplatz
www.kleine-buehne-wf.de

Szene

Achtzehn 38
Erlebnisgastronomie
Bahnhof 1
Tel. (053 31) 902 82 83

Check IN
Familien-Unterhaltungs-Center mit Bowling-Anlage, Laser-Show, Discothek, Bar, Bistro, Restaurant, Kino und Hotel.
Bahnhofstraße 9a
Tel. (053 31) 988 50

WOLFSBURG

Kultur und Kunst

Autostadt
Konzerte von Klassik bis Pop, Lesungen, internationales Tanzfestival „Movimentos" ab Mai im benachbarten Kraftwerk.
An der Stadtbrücke
Tel. (053 61) 400
www.autostadt.de

Experimentierbühne
Amateurtheater mit Stücken der klassischen Theaterliteratur. Schloss Wolfsburg
Alt Wolfsburg, Schlossstraße
www.experimentierbuehne.de

Galerie-Theater Wolfsburg
Bühne einer Fachwerkscheune. Kabarett, Chansons, Comedy, Literatur, Kunstausstellungen.
An der St. Annen-Kirche 28
Tel. (053 61) 176 50, www.galerie-theater-wolfsburg.info

Kunstverein
Plattform für Aktuelles in der Kunst mit Vorträgen, Konzerten und Diskussionen, thematisches Jahresprogramm.
Schlossstraße 8
Tel. (05361) 674 22
www.kunstverein-wolfsburg.de

Städtische Galerie
Moderne, zeitgenössische Kunst in Bestands- und Wechselausstellungen im Wolfsburger Schloss.
Schlossstraße 8
Tel. (053 61) 82 85-10
www.staedtische-galerie-wolfsburg.de.

Theater Wolfsburg
Moderne Bühne mit etwa 800 Plätzen für Gastspiele und Eigenproduktionen.
Klieverhagen 50
Tickets Tel. (053 61) 26 73-37
www.theater-wolfsburg.de

Schloss Wolfsburg
Klassische Konzerte im Gartensaal.
Schlossstraße
Tel. (053 61) 28 15 81

Das Gifhorner Welfenschloss liegt eingebettet in einer Wasserlandschaft. Im Hintergrund das Internationale Mühlenmuseum

Szene

Altes Brauhaus zu Fallersleben
Privatbrauerei und Gaststätte mit rustikaler Atmosphäre. Freitag und Samstag Live-Musik.
Schlossplatz, Wolfsburg-Fallersleben, Tel. (053 62) 31 40
www.brauhaus-fallersleben.de

Kolumbianischer Pavillon
Erlebnisgastronomie mit karibischem Flair, Tanz-Themenabende für jüngere und reifere Besucher am Allersee.
Allerpark 5
Tel. (053 61) 843 40 98
www.kolumbianischerpavillon.de

Schlachthaus
Discothek und Konzerte im ehemaligen Wolfsburger Schlachthof, mit Kulturhof.
Zeppelinstraße 7
Tel. (053 61) 308 98 70
www.schlachthaus-wob.de

GOSLAR

Kultur und Kunst

Odeon Theater
Schauspiel, Musiktheater, Oper, Konzert.
Bismarckstraße 1
Tel. (053 21) 31 98 40

Kulturkraftwerk Harz Energie
Theater, Kleinkunst, Comedy und Konzerte.
Hildesheimer Straße 21
www.kulturkraftwerk.de

Kaiserpfalzwiese
Open-Air-Konzerte und Feste auf der großen Wiese vor der Kaiserpfalz.

Sommer- und Wintersaal in der Kaiserpfalz
Konzerte und Ausstellungen.
Kaiserbleek 6
Tel. (053 21) 311 96 93

Szene

Maxi Mumm
Treffpunkt für Nachtschwärmer, reiches Cocktail-Angebot. Einmal im Monat Live-Musik.
Marktstr. 3, Tel. (053 21) 226 27

Zweiund30B
Musik-Club mit Live-Events, Cocktails und Leckereien.
Frankenberger Straße 32 b
Tel. (053 21) 10 99
www.zweiund30b.de

GIFHORN

Kultur und Kunst

Schloss
Freiluftaufführungen, Open-Air-Partys im Innenhof, Konzerte, Kabarett im Rittersaal.
Schlossplatz 1
Tel. (05371) 81 37 04

Schlosspark
Sommer-Kulturfestival „Feuer & Wasser live“
Schlossplatz, Tel. (053 71) 44 99
www.kulturverein-gifhorn.de

PEINE

Kultur und Kunst

Ilseder Hütte
Sehenswert die Galerie und der Skulpturenpark auf dem alten Hochofenplateau der ehemaligen Stahlhütte.
Ilseder Hütte 4
Tel. (051 72) 986 63 30
www.ilseder-huette.de

SALZGITTER

Kultur und Kunst

Kniestedter Kirche
Die evangelische Kirche aus dem 15. Jahrhundert wurde zum Kulturzentrum umgestaltet, Empore und Orgel sind erhalten. Viele Veranstaltungen des Vereins Kleinkunstbühne Salzgitter-Bad. (www.kniki.de).
Stadtteil Bad
Braunschweiger Straße 133
Tel. (053 41) 839-34 36

Schloss Salder
Das Schloss ist alljährlich im Juli während des Kultursommers Kulisse für Konzerte.
Stadtteil Salder
Museumsstraße 34
Tel. (053 41) 839-46 18/19

BRAUNSCHWEIG

Restaurants

(M 4) **Anders**
Gutbürgerliche Küche im Haus des Hofkomponisten Methfessel, mitten im Magniviertel. Spezialität Pfannengerichte.
Am Magnitor 7, Tel. 433 66
www.das-anders.de €

(H 5) **Flair**
Restaurant und Bar mit experimentierfreudiger Küche und gastronomischen Aktionstagen.
Madamenweg 171
Tel. 28 06 406 €

(E 4) **Herrenkrug**
Restaurant, Café und Biergarten im romantischen Stadtteil Riddagshausen. Trendiges Ambiente und französisch inspirierte Küche.
Ebertallee 57, Tel. 214 58 85
www.der-herrenkrug.de €

(N 2) **Lindenhof da Paolo**
Italienisches Restaurant schräg gegenüber dem Botanischen Garten. Spezialitäten: Antipasti und kreative Fischgerichte.
Kasernenstraße 20
Tel. 33 87 22 €€

(K 3) **Maredo**
Südamerikanisches Steakhaus, das mehr bietet als saftige Steaks. Großes Salatbuffet.
Lange Str. 1, Tel. 159 59 €€

(L 4) **Mutter Habenicht**
Urige Speisekneipe mit herzhafter deutsche Küche neben dem Landesmuseum. Kleiner Biergarten.
Papenstieg 3, Tel. 459 56
www.mutter-habenicht.de €

(I 6) **Kilian's Raffinerie**
Bistro in einer alten Zuckerraffinerie. Gutes Speiseangebot, tgl. wechselnde Mittagskarte.
Frankfurter Str. 2, Tel. 28 19 80
www.raffinerie-restaurant.de
€€

(K 5) **Ritter St. Georg**
Gourmetrestaurant mit saisonbetonter und experimentierfreudiger Küche.
Alte Knochenhauerstraße 12
Tel. (05 31) 618 01 00
www.ritter-braunschweig.de
€€€

(I 5) **Tricolore**
Italienisches Spezialitätenrestaurant, bei dem auf sorgfältig gedeckte Tische genauso Wert gelegt wird wie auf exklusiv und frisch zubereitete Speisen.
Güldenstr. 77
Tel. 473 71 70
www.ristorante-tricolore.de
€€€

(N 3) **Stadtparkrestaurant**
Der Clou ist die große, biergartenähnliche Außenterrasse im kleinen Stadtpark in der Nähe des Prinzenparks.
Jasperallee 42
Tel. 33 77 70 €

(K 4) **Stechinellis Kartoffelkeller**
Kartoffelspezialitäten und gehobene bürgerliche Küche im Gewölbekeller des Gewandhauses und auf dem Altstadtmarkt.
Altstadtmarkt 1-2
Tel. 242 77 14
www.gewandhaus-bs.de €

Cafés, Bistros

(M 5) **Café Arbaello**
Café und Bar am Rand des Magniviertels, ideal für einen ungestörten Plausch.
Ritterstraße 2, Tel. 422 44

(K 4) **Café Zeit**
Frühstück, kleine Speisen, Kaffee und Kuchen auf der Terrasse in der Fußgängerzone oder im ersten Stock mit Blick auf den Ringerbrunnen.
Sack 24, Tel. 415 90

Station auf einer Landpartie: der Herrenkrug in Riddagshausen

(L 5) **Cristalli's**
Italienisches Bistro im Magniviertel mit ausgesuchten Spezialitäten und Weintipps vom Chef.
Kuhstraße 35, Tel. 123 33 90
www.cristallis.de

(N 1) **Brunsviga**
Bistro und Café im größten Kulturzentrum der Stadt. Stilvoll: alte Fabrik. Täglich wechselnde Mittagskarte.
Karlstraße 35, Tel. 238 04 12
www.brunsviga-kulturzentrum.de

(K 4) **Dolce Vita**
Die Adresse Nummer eins für alle, die sehen und gesehen werden wollen. Café, Bar und Bistro mit italienischem Flair.
Schuhstraße 4, Tel. 433 38

(N 4) **Okerterrassen**
Kaffeehaus an der Oker mit 100-jähriger Tradition und Blick auf den Museumspark. Der Bier- und Kaffeegarten zieht sich hinab bis zum Flussufer.
Parkstraße 11, Tel. 759 40
www.okerterrassen.de

(L/M 4) **Residenz-Café**
Mehrstöckiges Café im Magniviertel, mit Blick auf das Happy-Rizzi-Haus.
Langedammstraße 9
Tel. 188 84

WOLFENBÜTTEL
Restaurants

Altes Kaffeehaus
Deutsche Küche und regionale Spezialitätenwochen. Urige Weingrotte in einem Gewölbe.
Harztorwall 18
Tel. (053 31) 88 80, www.parkhotel-wolfenbuettel.de €€

Bayrischer Hof
Gemütliche Gaststätte im bayerischen Stil, Gewölbekeller und Biergarten. Schmankerln und internationaler Küche.
Brauergildenstraße 5
Tel. (053 31) 50 78
www.bayrischer-hof-wf.de €

La Domenica
Italienisch und familiär. Fisch-Spezialitäten, hausgemachte Pasta und Antipasti, umfangreiches Weinsortiment.
Okerstraße 16, Tel. (053 31) 59 53, www.ristorante-ladomenica.de €€

Ratskeller
Deutsche Küche stilvoll im Fachwerk-Rathaus, mit Hofterrasse an der Oker.
Stadtmarkt 2–4
Tel. (053 31) 88 27 34 €

Vinum Italicum
Italienisch, mediterranes Ambiente. Klein gehaltene Speisekarte mit wechselnden frischen Kreationen. Gute Weinkarte.
Schiffwall 7
Tel. (053 31) 90 26 94
www.vinumitalicum.de €€

Cafés, Bistros

Café am Stadtmarkt
Café gegenüber dem Rathaus.
Kanzleistr. 1, Tel. (053 31) 14 72

Eiscafé Ciao-Ciao
Viele Eissorten und Erfrischungen in Schlossnähe.
Krambuden 15
Tel. (053 31) 29 87 85

Galerie Café
Zentral gelegen an der Oker.
Großer Zimmerhof 17
Tel. (053 31) 55 50

Louis
Bistro und Restaurant mit deutsch-amerikanischer Küche im Familien-Unterhaltungs-Center „Check In" am Bahnhof.
Bahnhofstraße 9a
Tel. (053 31) 988 60

WOLFSBURG

Restaurants

Alter Wolf
Spezialitäten in der alten Post- und Zollstation am Schloss.
Schlossstraße 21
Tel. (05361) 865 60
www.alter-wolf.de €€

Aqua
Zwei-Sterne-Gourmetrestaurant im Hotel Ritz-Carlton. Kreative europäisch, regionale Produkte.
Stadtbrücke, Tel. (053 61) 60 70 00, www.ritzcarlton.com/hotels_de/wolfsburg €€€

Awilon
Restaurant im Kunstmuseum. Di u. Fr Kunstführungen mit anschließendem Menü (Eat & Art).
Hollerplatz 1, Tel. (053 61) 255 99, www. kunstmuseum-wolfsburg.de €

Beefclub/Autostadt
Das „Feurige" unter den neun Restaurants in der Autostadt. In einem in ganz in Rottönen gehaltenen Mobiliar kann man sich um einen Herd sitzend Fleischspezialitäten zubereiten lassen.
Stadtbrücke
Tel. (053 61) 40 61 16
www.autostadt.de €€€

La Fontaine
Ein-Stern-Gourmetrestaurant im Hotel „Ludwig" im Park.
Wolfsburg-Fallersleben
Gifhorner Straße 25
Tel. (053 62) 940-0
www.ludwig-im-park.de €€€

Schlossremise
Restaurant und Café im hell umgestalteten früheren Pferdestall des Schlosses.
Schlossstraße 6
Tel. (053 61) 86 77 77 €€

Trattoria Incontre
Italienische Spezialitäten.
Goethestraße
Tel. (053 61) 43 72 54 €€

Cafés, Bistros

Atelier Café
Altes Bauernhaus mit dem angeblich besten Kuchen.
An der St. Annen-Kirche,
Tel. (053 61) 122 19

Café Cadera
Café und Konditorei mit stilvollem Ambiente in der Fußgängerzone.
Porschestraße 38
Tel. (053 61) 121 25

Blue C
Café und Cocktailbar.
Schillerstraße 48
Tel. (053 61) 86 15 98

GOSLAR

Restaurants

Aubergine
Liebevoll eingerichtetes Restaurant mit mediterraner Speisekarte und überregionalem Bekanntheitsgrad.
Marktstraße 4, Tel. (053 21) 421 36, www.aubergine-goslar.de €€€

Brauhaus Wolpertinger
Rustikal und originell, großes Getränkeangebot auf dem alten Goslarer Brauhof. Terrasse.
Marstallstraße 1
Tel. (053 21) 221 55
www.brauhof-plaza.de €

Die Worth
Restaurant in einem geschichtsträchtigen Raum des Hotels Kaiserworth mit Blick auf den Marktplatz.
Markt 3, Tel. (053 21) 70 90
www.kaiserworth.de €€

„Alter Wolf" in Alt-Wolfsburg: im 18. Jahrhundert Zollstation, heute Restaurant

König von Bayern
Im historischen Gewölbekeller des 1460 erbauten Rathauses werden in uriger Atmosphäre bayerische Biere und Schmankerln gereicht.
Markt 1, Tel. (05321) 39 20 90
www.koenig-von-bayern.de €

Worthmühle
Uriges Restaurant mit regionalen Spezialitäten in einer früheren Mahlmühle.
Worthstraße 4, Tel. (05321) 434 02
www.worthmuehle.de €€

Maltermeister Turm
Berggasthof 419 m oberhalb der Altstadt mit einzigartigem Panoramablick auf Goslar, untergebracht in einem mindestens 500 Jahre alten Turm.
Rammelsberger Straße 99
Tel. (053 21) 48 00
www.maltermeister-turm.de

Cafés, Bistros

Weite Welt
Restaurant und Bistro mit Kaminzimmer, urigem Gewölbe oder Sommerterrasse mit Blick auf die Kaiserpfalz. Gelegentlich Klavierabende und Live-Musik.
Hoher Weg 11
Tel. (053 21) 38 35 38
www.weitewelt-goslar.de

IN UND UM GIFHORN
Restaurants

Kornkammer
Restaurant im Hotel Alte Mühle.
Weyhausen, Wolfsburger Straße 72
Tel. (053 62) 980 00
www.altemuehle.bestwestern.de €€

Gifhorner Brauhaus
Gemütlich, großer Biergarten. Gebraut wird hier allerdings leider nicht mehr.
Gifhorn, Schützenplatz 1
Tel. (053 71) 96 08 60
www.gifhorner-brauhaus.de €€

Seerose
Im Seehotel am Tankumsee in der südlichen Lüneburger Heide.
Isenbüttel, Eichenpfad 2
Tel. (05374) 9100
www.seehotel-tankumsee.de €€

Café im Speicherhof
Kunst & Kurioses.
Gifhorn, Steinweg 10
Tel. (05371) 54150

ELM-LAPPWALD
Restaurants und Cafés

Restaurant Herrenmühle
Regionale Gerichte mit Zutaten aus ökologischer Produktion.
Königslutter am Elm, Lutterstraße 12
Tel. (053 53) 91 38 51
www.herrenmuehle-koenigslutter.de €€

Domcafé in Königslutter
Café am Kaiserdom.
Königslutter, Vor dem Kaiserdom 3
Tel. (053 53) 15 35
www.cafeammarkt-koenigslutter.de

Schloss Schöningen
Restaurant, Café und Biergarten mit deutsch-italienischer Küche.
Schöningen, Burgplatz 1
Tel. (053 52) 90 75 90
www.principale.de €

Gaststätte Reitling im Elm
Ausflugsgaststätte im Reitlingstal. Cafégarten mit 400 Plätzen.
Reitling, Tel. (053 05) 447
www.reitlingstal.de €€

Kuckucksmühle
Landcafé am Fluss Altenau, zwischen den Höhenzügen Elm und Asse.
Bansleben bei Schöppenstedt
Tel. (053 32) 886
www.kuckucksmuehle.de

Preiskategorien

Alle Adressen im Info-Magazin sind MERIAN-Empfehlungen. Preiskategorien Restaurants (ein Hauptgericht): € bis 10 €, €€ 10–17 €, €€€ mehr als 17 €

BRAUNSCHWEIG

(L 1) Advance-Hotel
Neues Hotel mit großzügigem, modernen Ambiente im Panther-Business-Center, am Rand der Innenstadt.
Mittelweg 7
Tel. 390 77-0, Fax 39 07 73 99
www.advance-hotel.de €€€

(H 2) Apartmenthotel Celler Tor
Wohnen in einem schlicht-eleganten Apartmenthotel eines Businessparks. Junior-, Executive- und President-Suiten, von zweckmäßig bis exquisit, jeweils mit kleiner Küche auch, für längere Aufenthalte.
Ernst-Amme-Straße 24
Tel. 59 05-0, Fax 59 05-100
www.cellertor.de €€

(K 5) City-Hotel Braunschweig
Innenstadt-Hotel mit 66 Zimmern in luxuriösem Ambiente. Parkplätze in der Tiefgarage.
Friedrich-Wilhelm-Str. 26-29
Tel. 24 24 10, Fax 24 24 18
www.cityhotel.de €€€

(L 5) Courtyard by Marriott
Nur wenige Gehminuten von Innenstadt und Staatstheater entfernt. Mehr als die Hälfte der 140 Zimmer liegen auf Nichtraucheretagen.
Auguststrasse 6-8
Tel. 48 14-0, Fax 48 14-100
www.marriott.de €€€

(L 3) Deutsches Haus
Das einstige Gästehaus des Braunschweiger Schlosses liegt direkt am Burgplatz.
Ruhfäutchenplatz 1
Tel. 12 00-0, Fax 12 00-444
www.ringhotel-deutscheshaus.de €€€

(K 5) Frühlings-Hotel
55 Zimmer, davon 3 Suiten, bietet das Drei-Sterne-Haus in ruhiger City-Lage.
Bankplatz 7
Tel. 243 21-0, Fax 243 21-599
www.fruehlingshotel.de €€€

Preiskategorien

Der Preis für ein Doppelzimmer liegt bei: € bis 50 €,
€€ 80-75 €, €€€ 75-100 €,
€€€€ über 100 €

(M 6) Fürstenhof
Das privat geführte Haus mit regionaler Küche und Wildgerichten liegt ruhig und dennoch verkehrsgünstig, drei Minuten vom Hauptbahnhof entfernt.
Campestraße 12
Tel. 79 10 61, Fax 79 10 64
www.hotel-fuerstenhof.de €€

(I 5) Haus zur Hanse
Komfortables Stadthotel mit moderner Ausstattung und traditionellem Charme.
Güldenstraße 7, Tel. 243 90-0
Fax 243 90-90, www.haus-zur-hanse.de €€€

(N 5) Hotel an der Stadthalle
Liebevoll eingerichtete Zimmer und schallisolierte Fenster. Das Konferenzzentrum Stadthalle liegt gegenüber.
Leonhardstraße 21
Tel. 730 68, Fax 751 48
www.hotel-an- der-stadthalle.de €€€

(D 2) Hotel Nord
Moderner Komfort und gepflegte Atmosphäre.Preiswert.
Robert-Bosch-Straße 7
Tel. 310 86-0, Fax 310 86-86
www.hotel-nord.de €€

(E 4) Landhaus Seela
Am Rande des Naturschutzgebietes Riddagshausen liegt der Familienbetrieb mit 8 Tagungsräumen.
Messeweg 41, Tel. 37 00 11 62
Fax 37 00 11 93, www.hotel-landhaus-seela.de €€€

(N 7) Mercure Atrium
Am Bahnhof und nahe dem Kongresszentrum Stadthalle. 130 Zi. und 11 Tagungsräume.
Berliner Platz 3
Tel. 70 08-0, Fax 70 08-125
www.mercure.de €€

(K/L 3) Mövenpick
Modernes Hotel in der Innenstadt an der Einkaufspassage Welfenhof. 148 Zimmer und 10 Tagungsräume.
Jöddenstraße 3, Tel. 4817-0
Fax 4817-551, www.moevenpick-hotels.de €€€

Mit Knaggen, altem Gebälk und Atmosphäre: Haus zur Hanse

(E 5) Play-off
Privat geführtes und verkehrsgünstig gelegenes Tagungs- und Sporthotel am Stadtrand.
Salzdahlumer Straße 137
Tel. 263 10, Fax 671 19
www.playoff-hotel.de €€€

(K 5) Ritter St. Georg
Eines der ältesten Hotels in einem der ältesten Fachwerkdenkmäler Braunschweigs, mit barocken Deckenmalereien. Das zentral gelegene Drei-Sterne-Hotel bietet 22 Zimmer.
Alte Knochenhauerstraße 12
Tel. 390 45-0, Fax 390 45-29
www.ritterstgeorg.de €€

(M 4) Stadthotel Magnitor
32 behutsam restaurierte Zimmer und Suiten in einem Fachwerkhaus mit Teilen aus dem 15. Jh., stilvoll eingerichtet.
Am Magnitor 1, Tel. 47 13-0
Fax 47 13-499, www.stadthotel-magnitor.de €€€€

(L 5) Stadtpalais
Best-Western-Hotel zentral in der Innenstadt. 45 großzügig ausgestattete Zimmer.
Hinter Liebfrauen 1a
Tel. 24 10 24, Fax 24 10 25
www.palais-braunschweig.bestwestern.de €€€

WOLFENBÜTTEL

Landhaus Dürkop
Im Landhausstil, familiäre Atmosphäre, in ruhiger Lage nahe der Altstadt.
Alter Weg 47
Tel. (053 31) 70 53, Fax 726 38
www.landhaus-duerkop.de €€€

Parkhotel Altes Kaffeehaus
Zwischen Innenstadt und Parkanlage „Stadtgraben", mit 10 Suiten sowie Restaurant, Kaffeegarten und Weingrotte in historischem Gewölbe.
Harztorwall 18
Tel. (053 31) 888-0
Fax (053 31) 888-100
www.parkhotel-wolfenbuettel.de €€€

WOLFSBURG

Alter Wolf
Historischer, denkmalgeschützter Fachwerk-Gasthof in Familienbesitz neben dem Schloss.
Ortsteil Alt-Wolfsburg, Schlossstraße 21
Tel. (053 61) 865 60
Fax (053 61) 642 64
www.alter-wolf.de €€

The Ritz Carlton
Fünf-Sterne-Luxushotel mit klassisch eleganter Inneneinrichtung, mitten in der Autostadt. 155 Zi., 19 Suiten.
Stadtbrücke
Tel. (053 61) 60 70 00
Fax (053 61) 60 80 00
www.ritzcarlton.com €€€€

GOSLAR

Hotel Kaiserworth
Vier-Sterne-Hotel mit 63 Zimmern im prachtvollen, fünf Jahrhunderte alten ehemaligen Gildehaus der Gewandschneider, zentral gelegen.
Markt 3, Tel. (053 21) 709-0
www.kaiserworth.de €€€€

Mit Bodenhaftung

Auch das alte Land Braunschweig hatte wie Niedersachsen ein weißes Ross im roten Wappenschild. Der kleine Unterschied: die Braunschweiger ließen ihr Pferd über ein weißes Stück herzoglicher Heimaterde galoppieren.

HERALDIK KennZeichen

Wappen gehen auf das 12. Jahrhundert zurück. Sie hatten wie auch Fahnen zunächst weniger eine repräsentative, sondern eine Erkennungsfunktion. Schilde und Helme wurden mit Wappen verziert, um z. B. bei Ritterkämpfen Freund und Feind zu unterscheiden. Man sah ja nicht, wer in einer Rüstung steckte. Das Sachsenross, das Braunschweig 1361 und Niedersachsen 1946 wählte, sprang übrigens auch ins westfälische Wappenschild.

LEGENDÄRE Löwentreue

Herzog Heinrich, berichtet die Legende, wurde Zeuge eines mörderischen Kampfes zwischen einem Lindwurm und einem Löwen. Heinrich rettete die Großkatze aus höchster Not. Von nun an war der Löwe dem Herzog treu ergeben und folgte ihm nach Braunschweig. Auf dem Burgplatz ließ Heinrich um 1166 den berühmten bronzenen Löwen, die erste freistehende Plastik nördlich der Alpen, aufstellen.

WOLFENBÜTTELS Löwenstärke

Eines der prächtigsten herzoglichen Braunschweiger Wappen ziert das Portal des Wolfenbüttler Schlosses. Die repräsentative Residenz wurde 1715 im Stil der Renaissance umgestaltet. Aus dieser Zeit stammt auch das vielgestaltige Hoheitszeichen. Die Wappenfelder symbolisieren die territorialen Besitzungen der Welfen, bemerkenswert ist, dass der Löwe mehrmals vertreten ist. Der für die Stärke stehende Leu ist das meistbenutzte heraldische Tier und findet sich auch in den Wappen von Belgien, Holland, Dänemark, Finnland, Estland und Bulgarien wieder.

Und außerdem:

Braunschweig in der Welt

Namenspaten in 3 Kontinenten

AUSTRALIEN
Brunswick (Victoria)

USA
Brunswick (Georgia)
Brunswick (Maine)
Brunswick (Maryland)
Brunswick (Missouri)
Brunswick (New York)
Brunswick (North Carolina)
Brunswick (Ohio)
Brunswick (Wisconsin)

KANADA
New Brunswick (Provinz)

CHILE
Halbinsel Brunswick (Südlichster Punkt des südamerikanischen Festlandes)